Renate Jonas

Erfolg
durch praxisnahe Personalarbeit

Erfolg durch praxisnahe Personalarbeit

Grundlagen und Anwendungen für Mitarbeiter im Personalwesen

Dipl.-Betriebsw. Renate Jonas

2., aktualisierte Auflage

Kontakt & Studium
Band 556

Herausgeber:
Prof. Dr.-Ing. Dr. h.c. Wilfried J. Bartz
Dipl.-Ing. Hans-Joachim Mesenholl
Dipl.-Ing. Elmar Wippler

Bibliografische Information Der Deutschen Bibliothek

Die Deutsche Bibliothek verzeichnet diese Publikation
in der Deutschen Nationalbibliografie;
detaillierte bibliografische Daten sind im Internet über
http://dnb.d-nb.de abrufbar.

Bibliographic Information published by Die Deutsche Bibliothek

Die Deutsche Bibliothek lists this Publication
in the Deutsche Nationalbibliografie;
detailed bibliographic data are available on the Internet at
http://dnb.d-nb.de .

ISBN 978-3-8169-2779-2

2., aktualisierte Auflage 2009
1. Auflage 1998

Bei der Erstellung des Buches wurde mit großer Sorgfalt vorgegangen; trotzdem lassen sich Fehler nie vollständig ausschließen. Verlag und Autoren können für fehlerhafte Angaben und deren Folgen weder eine juristische Verantwortung noch irgendeine Haftung übernehmen.
Für Verbesserungsvorschläge und Hinweise auf Fehler sind Verlag und Autoren dankbar.

© 1998 by expert verlag, Wankelstr. 13, D-71272 Renningen
Tel.: +49 7159 9265-0, Fax: +49 7159 9265-20
E-Mail: expert@expertverlag.de, Internet: www.expertverlag.de
Alle Rechte vorbehalten
Printed in Germany

Das Werk einschließlich aller seiner Teile ist urheberrechtlich geschützt. Jede Verwertung außerhalb der engen Grenzen des Urheberrechtsgesetzes ist ohne Zustimmung des Verlags unzulässig und strafbar. Dies gilt insbesondere für Vervielfältigungen, Übersetzungen, Mikroverfilmungen und die Einspeicherung und Verarbeitung in elektronischen Systemen.

Herausgeber-Vorwort

Bei der Bewältigung der Zukunftsaufgaben kommt der beruflichen Weiterbildung eine Schlüsselstellung zu. Im Zuge des technischen Fortschritts und angesichts der zunehmenden Konkurrenz müssen wir nicht nur ständig neue Erkenntnisse aufnehmen, sondern auch Anregungen schneller als die Wettbewerber zu marktfähigen Produkten entwickeln.

Erstausbildung oder Studium genügen nicht mehr – lebenslanges Lernen ist gefordert! Berufliche und persönliche Weiterbildung ist eine Investition in die Zukunft:
- Sie dient dazu, Fachkenntnisse zu erweitern
  und auf den neuesten Stand zu bringen
- sie entwickelt die Fähigkeit, wissenschaftliche Ergebnisse
  in praktische Problemlösungen umzusetzen
- sie fördert die Persönlichkeitsentwicklung und die Teamfähigkeit.

Diese Ziele lassen sich am besten durch die Teilnahme an Seminaren und durch das Studium geeigneter Fachbücher erreichen.

Die Fachbuchreihe *Kontakt & Studium* wird in Zusammenarbeit zwischen der Technischen Akademie Esslingen und dem expert verlag herausgegeben.

Mit über 700 Themenbänden, verfasst von über 2.800 Experten, erfüllt sie nicht nur eine seminarbegleitende Funktion. Ihre eigenständige Bedeutung als eines der kompetentesten und umfangreichsten deutschsprachigen technischen Nachschlagewerke für Studium und Praxis wird von der Fachpresse und der großen Leserschaft gleichermaßen bestätigt. Herausgeber und Verlag freuen sich über weitere kritisch-konstruktive Anregungen aus dem Leserkreis.

Möge dieser Themenband vielen Interessenten helfen und nützen.

Dipl.-Ing. Hans-Joachim Mesenholl   Dipl.-Ing. Elmar Wippler

Vorwort

Ziel im Personalwesen muss es sein, Mitarbeiter mit fundierten Kenntnissen zu beschäftigen, die bereit sind, sich durch permanente Weiterbildung den sich verändernden Aufgaben anzupassen. Dieses Buch soll einen Beitrag dazu leisten, den Anforderungen gerecht zu werden.

Es richtet sich an Praktiker im Personalwesen (Sachbearbeiter, Sekretärinnen und Assistentinnen), die umfassendes Wissen – auch über ihr Spezialgebiet hinaus – erwerben wollen. Neuen Mitarbeitern bietet es die Möglichkeit, grundlegende Kenntnisse über die Aufbau- und Ablauforganisation zu erlangen. Angehende Personalfachkaufleute und -fachwirte können es zur Prüfungsvorbereitung nutzen. Studierenden dient es als Lese-, Lern- und Nachschlagewerk.

Um die Zusammenhänge verständlich zu machen, werden theoretische Grundlagen vermittelt. Darüber hinaus werden Situationen aus dem Alltag behandelt und wertvolle Tipps zur Bewältigung der Arbeit gegeben.

Renate Jonas

Inhaltsverzeichnis

Vorwort		1
Teil I		1
1	**Bedeutung betrieblicher Personalwirtschaft im Rahmen der Unternehmenspolitik**	**1**
1.1	Personalpolitik als Teil der Unternehmenspolitik	2
1.2	Ziele	3
1.2.1	Ziele des Unternehmens	3
1.2.2	Ziele der Personalwirtschaft	4
1.2.2.1	Wirtschaftliche Ziele	4
1.2.2.2	Soziale Ziele	4
1.3	Aufgaben des Personalwesens	4
1.3.1	Organisatorischer Aufbau einer Personalabteilung	5
1.3.1.1	Linienaufgaben – Gliederungskriterien	5
1.3.1.2	Stabsaufgaben	7
1.4	Einbindung des Personalwesens in die Gesamtorganisation des Unternehmens	8
1.4.1	Klassische Organisationsformen	9
1.4.1.1	Einlinienorganisation	9
1.4.1.2	Mehrlinienorganisation	10
1.4.1.3	Stab-Linien-Organisation	11
1.4.2	Neuere Organisationsformen	11
1.4.2.1	Divisional-Organisation (Sparten-Organisation)	11
1.4.2.2	Matrix-Organisation	12
Teil II		13
1	**Personalplanung**	**13**
1.1	Verknüpfung mit anderen Bereichen der Unternehmensplanung	13
1.2	Arten der Personalplanung	14
1.3	Planungsfristen	15
1.4	Bedeutung der Personalplanung	15
1.5	Nutzen für den Arbeitgeber	15
1.6	Nutzen für den Arbeitnehmer	16
1.7	Gesellschaftlicher Nutzen	16
1.8	Grenzen der Personalplanung	16
1.9	Voraussetzungen für die erfolgreiche Einführung	17
1.10	Mitwirkung des Betriebsrates bei der Personalplanung	18

2	**Personalbedarfsermittlung**	**19**
2.1	Einflussfaktoren	20
2.2	Bedarfsarten	21
2.3	Bedarfsprognosen	22
2.4	Stellenplan und Stellenbesetzungsplan	25
2.5	Stelle	25
2.5.1	Stellenbeschreibung	25
2.5.2	Anforderungsprofil und Qualifikationsprofil	27
2.5.3	Personalanforderung	27
3	**Personalbeschaffung**	**29**
3.1	Innerbetrieblicher Arbeitsmarkt	29
3.1.1	Interne Stellenausschreibung	30
3.1.2	Innerbetriebliche Personalbörse	31
3.2	Außerbetrieblicher Arbeitsmarkt	32
3.2.1	Beschaffungswege	32
3.2.1.1	Externe Stellenausschreibung	33
3.2.1.2	Agentur für Arbeit	35
3.2.1.3	Agentur/Personalberater	36
3.2.1.4	Private Arbeitsvermittlung	36
3.2.1.5	Arbeitnehmerüberlassung (Personalleasing)	37
3.2.1.6	Stellengesuche	39
3.2.1.7	Unaufgeforderte Bewerbungen	39
3.3	Personalauswahl	39
3.3.1	Grundsätze	39
3.3.2	Auswahlrichtlinien	40
3.3.3	Auswahlverfahren	41
3.3.3.1	Analyse und Bewertung von Bewerbungsunterlagen	41
3.3.3.2	Personalfragebogen	47
3.3.3.3	Auswertungen	48
3.3.3.4	Vorstellungsgespräch	49
3.3.3.5	Assessment-Center	53
4	**Neue Mitarbeiter**	**56**
4.1	Bedeutung der Einführung	56
4.2	Maßnahmen und Verfahren	57
4.3	Kontrollgespräche	60

5	**Personaleinsatz**	**61**
5.1	Informationsquellen	62
5.2	Arbeitszeit	63
5.2.1	Neue Arbeitszeitformen	63
5.2.1.1	Betriebswirtschaftliche Aspekte der flexiblen Arbeitszeit	65
5.3	Einsatz besonderer Arbeitnehmergruppen	66
5.3.1	Jugendliche und Auszubildende	66
5.3.2	Behinderte Menschen	73
5.3.3	Mutterschutz und Elternzeit	74
5.3.4	Ältere Arbeitnehmer	76
5.3.5	Ausländische Arbeitnehmer	77
5.3.6	Wiedereingliederung	77
5.4	Einsatz an anderen Standorten	78
5.4.1	Relocation-Service	80
6	**Personalkosten**	**80**
6.1	Personalkostenplanung	80
6.2	Personalkostenarten	81
6.3	Personalkostenbudget	85
6.4	„Cafeteria"-Verfahren	86
6.5	Personalcontrolling	87
7	**Fluktuation**	**89**
7.1	Folgen	89
7.2	Quantitative Fluktuationsanalyse	90
7.3	Qualitative Fluktuationsanalyse	91
7.4	Maßnahmen	91
8	**Personalabbau (Personalfreistellung)**	**93**
8.1	Ursachen	94
8.2	Zielkonflikte	95
8.3	Indirekte und direkte Maßnahmen	95
9	**Outplacement**	**96**

Teil III — 99

1 Motivation — 99

1.1	Motivationsstufen	100
1.2	Primär- und Sekundärmotivation	102

2 Mitarbeiterführung — 103

2.1	Funktionen der Führung	103
2.2	Führungsgrundsätze	104
2.3	Einflussfaktoren	105
2.4	Führungsstile	106

3 Mitarbeiterbeurteilung — 109

3.1	Bedeutung	109
3.2	Zeitpunkte	110
3.3	Formen der schriftlichen Beurteilung	110
3.4	Beurteilungsfehler	112
3.5	Beurteilungsgespräch	113

Teil IV — 115

1 Führen der Personalakte — 115

1.1	Zweck	115
1.2	Aufbau und Inhalt	115
1.3	Recht auf Einsichtnahme	117

2 Personalstatistik — 117

2.1	Zweck	117
2.2	Arten	119
2.3	Grundsätze	120
2.4	Darstellungsformen	120

3 Einsatzmöglichkeiten der „Elektronischen Datenverarbeitung" — 122

3.1	Anwendungsbereiche	123
3.2	Vorteile und Grenzen der EDV-Anwendung	124

4 Persönliche Arbeitsorganisation — 124

4.1	Zeit- und Aufgabenplanung	124
4.2	Prinzipien der Zeitplanung	125

Teil V — 128

1 Arten der Kommunikation — 128
1.1 Beeinflussungsmöglichkeiten — 128

2 Persönliche Kommunikation — 129
2.1 Bedeutung der Körpersprache — 129
2.2 Fragetechnik — 132
2.3 Gesprächsführung — 135

3 Telefonische Kommunikation — 137
3.1 Richtiges Melden – Freundliches Verhalten — 137
3.2 Die Bedeutung der Namen — 138
3.3 Positive Redewendungen — 140

4 Schriftliche Kommunikation — 140
4.1 Äußere Form — 141
4.2 Korrespondenz mit Bewerbern — 141
4.3 Rundschreiben und Mitteilung — 145
4.4 Arbeitsbescheinigung — 146
4.5 Gehaltsveränderung — 147
4.6 Vollmacht — 148
4.7 Versetzung — 148
4.8 Beförderung — 149
4.9 Abmahnung — 150
4.10 Kündigung — 151
4.11 Zeugnis — 154
4.12 Schreiben zu besonderen Anlässen — 154

Literaturverzeichnis — 160

Stichwortverzeichnis — 161

Teil I

1 Bedeutung betrieblicher Personalwirtschaft im Rahmen der Unternehmenspolitik

Unter betrieblicher Personalwirtschaft wird die Gesamtheit aller Funktionen, die sich mit den Beschäftigten in einem Unternehmen befassen, verstanden.

Die Personalwirtschaft hat damit übergreifende Aufgaben. Unter dem Gesichtspunkt der Aufgabenverteilung kann von einer „Dualen Trägerschaft" gesprochen werden.

Die Zuständigkeit für die Erfüllung bestimmter Aufgaben kann unterschiedlich geregelt werden. Dies hängt von der organisatorischen Aufgabenverteilung ab.

In den letzten Jahrzehnten hat die Bedeutung der Personalwirtschaft im Rahmen der Unternehmenspolitik ständig zugenommen.

Gründe:

1. Beschäftigungsprobleme
   - Arbeitslosigkeit
   - Rationalisierung
   - Nachfolgeprobleme
   - Rückgang der Geburtenrate
   - Ungleichgewichte am Arbeitsmarkt – Überschuss an Arbeitskräften/ Mangel an Arbeitskräften für bestimmte Berufe
   - Abstimmungsprobleme zwischen Bildungs- und Beschäftigungssystem

2. Auswirkungen des technischen, organisatorischen und sozialen Wandels
   - Anpassungsprozesse
   - Höhere Qualifikationen der Mitarbeiter

3. Gesetzliche und tarifliche Änderungen
   - Ergänzungen durch Rechtsprechung

4. Bewusstseinsänderungen
   - Arbeitnehmer und Arbeitgeber
     - Vorgesetztenverhalten
     - Arbeitsschutz
     - Sicherheit des Arbeitsplatzes
     - Wert der Arbeit
   - Umwelt
     - Legitimationszwang der Unternehmen
5. Personalkostenentwicklung
   - Personalgrundkosten (Löhne und Gehälter)
   - Personalzusatzkosten (60 – 90 %)

1.1 Personalpolitik als Teil der Unternehmenspolitik

Die Ergebnisse der Personalpolitik leiten sich aus der allgemeineren Unternehmenspolitik und der ihr vorgelagerten Unternehmensphilosophie ab.

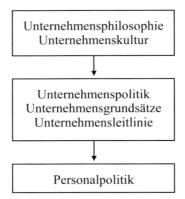

In der Unternehmensphilosophie sind die Wertvorstellungen und Normen des Unternehmens festgelegt, zum Beispiel Verhalten gegenüber den Mitarbeitern. Diese Art Unternehmensverfassung enthält die Rahmenregeln, an denen sich die Unternehmenspolitik orientiert.

Die Unternehmenspolitik konkretisiert die übergeordneten Bedingungen und Normen. Sie legt Ziele fest und kontrolliert die Einhaltung dieser Ziele.

Unter Personalpolitik im engeren Sinne wird das Treffen von *Grundsatzentscheidungen* und Leitlinien im Personalbereich verstanden.

Beispiele:
- Personalentwicklung
- Aufstieg vor Einstieg
- Führungsstil
- Arbeitszeiten (Gleitzeit, Schicht)
- Entlohnung
- Mitarbeiterbeteiligungen
- Mehrarbeit

Im weiteren Sinne gehören zur Personalpolitik auch eine Reihe von Einzelentscheidungen, die Ziele und Methoden festlegen, nach denen der betriebliche Personalbereich zu verfahren hat.

Beispiele:
- Fortbildungsmaßnahmen (intern/extern)
- Prämien
- Urlaubspläne
- Einsatzplanung

1.2 Ziele

Die personalwirtschaftlichen Ziele werden aus den Unternehmenszielen abgeleitet.

1.2.1 Ziele des Unternehmens

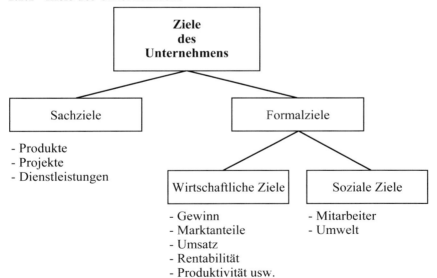

1.2.2 Ziele der Personalwirtschaft

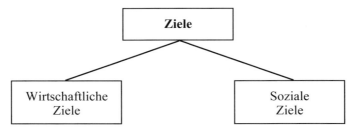

1.2.2.1 Wirtschaftliche Ziele
a) Bereitstellung des Arbeitskräftepotentials nach quantitativen, qualitativen, zeitlichen und lokalen Erfordernissen.
b) Steigerung der menschlichen Arbeitsleistung
   - mengenmäßige Erhöhung
   - qualitativ bessere Ergebnisse

1.2.2.2 Soziale Ziele
Erfüllung der Erwartungen, Bedürfnisse, Interessen und Forderungen der Mitarbeiter oder anderer Bezugsgruppen (zum Beispiel Gewerkschaften)

1.3 Aufgaben des Personalwesens

Im Rahmen der Personalwirtschaft werden im gesamten Unternehmen personalwirtschaftliche Funktionen wahrgenommen (siehe Seite 1 „Duale Trägerschaft").

Das *Personalwesen* dagegen ist die *konkrete Organisationseinheit* der Personalwirtschaft (Personalabteilung).

Aufgaben:
- Personalplanung
- Personalbeschaffung
- Personalentwicklung
- Personalfreisetzung
- Personalverwaltung
- Personalabrechnung (Löhne und Gehälter)

1.3.1 Organisatorischer Aufbau einer Personalabteilung

Bestimmungsgrößen für den Aufbau einer Personalabteilung können sein:
- Branche
- Unternehmenspolitik
- Organisationsstruktur
- Mitarbeiterzahl
- Mitarbeiterqualifikation
- Mitarbeiterstruktur

1.3.1.1 Linienaufgaben – Gliederungskriterien

Die systematische Aufgliederung der Gesamtaufgabe „Personalwesen" kann nach verschiedenen Kriterien vorgenommen werden.

a) Sachliche Gliederungskriterien

    a1) nach der Verrichtung (Funktion)
    a2) nach Objekten

b) Formale Gliederungskriterien

    b1) nach dem Rang
    b2) nach der Arbeitsphase
    b3) nach der Zweckbeziehung

a1) Gliederungskriterium „Verrichtung"

Die Gesamtaufgabe wird nach einzelnen Arbeitsarten gegliedert, in einfachen Fällen zum Beispiel in „Personalverwaltung" und „Lohn- und Gehaltsabrechnung" unterteilt.

Nachfolgend eine ausführlichere Funktionalorganisation, wie sie in größeren Unternehmen vorzufinden ist:

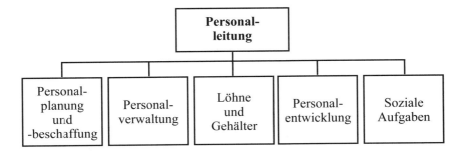

Vorteil: Die fachliche Spezialisierung der Personalsachbearbeiter führt dazu, dass die Aufgaben rationeller erledigt werden.

Nachteil: Die Mitarbeiter müssen von Fall zu Fall andere Personen aufsuchen. Ein wirkliches Betreuungsverhältnis fehlt.

a2) Gliederungskriterium „Objekt"

Die Objektorganisation geht davon aus, dass alle Personalarbeiten möglichst von einem Referenten bearbeitet werden, der für eine bestimmte Gruppe von Mitarbeitern oder für einen bestimmten Unternehmensbereich zuständig ist.

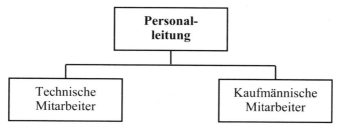

b1) Gliederungskriterium „Rang"

Im Allgemeinen folgt die Gliederung nach dem Rang auf der zweiten Ebene, nachdem vorher funktional gegliedert wurde. Dabei geht man davon aus, dass verschiedene Teilaufgaben innerhalb einer Gesamtaufgabe unterschiedliche Rangstufen aufweisen.

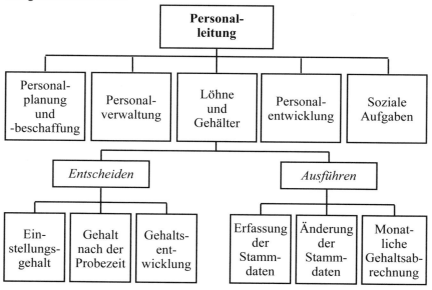

b2) Gliederungskriterium „Arbeitsphase"

Bei der Aufgabenteilung nach Arbeitsphasen werden an bestimmten Stellen des zeitlichen Hinter- oder Nebeneinanders Einschnitte vorgenommen.

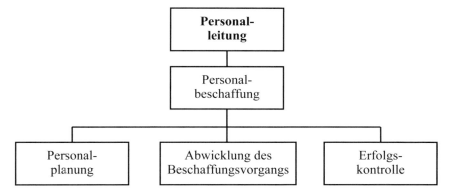

b3) Gliederungskriterium „Zweckbeziehung"

Dieses Prinzip geht davon aus, dass es Teilaufgaben gibt, die unmittelbar mit der Gesamtaufgabe zusammenhängen, und andere, die notwendig sind, um die primären Aufgaben durchführen zu können.

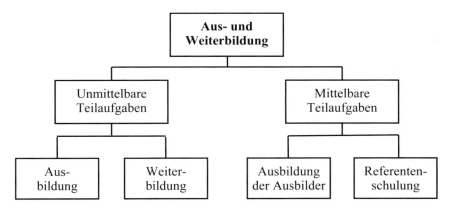

1.3.1.2 Stabsaufgaben

Stabsaufgaben werden von Spezialisten wahrgenommen. Sie haben informierende und beratende Funktion, verfügen aber über keine Anordnungs- oder Entscheidungsbefugnisse.

Die zunehmende Kompliziertheit der Anforderungen im Personalwesen, zum Beispiel im Arbeitsrecht, führt dazu, dass größere Unternehmen Fachleute einsetzen, die die Führungskräfte von Spezialaufgaben entlasten und ihnen Grundlagen für sachlich fundierte Entscheidungen bieten.

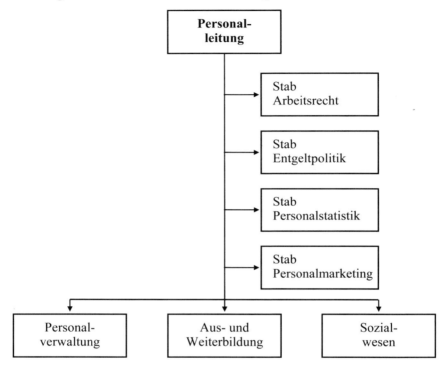

1.4 Einbindung des Personalwesens in die Gesamtorganisation des Unternehmens

Eine Analyse der Aufgaben der Personalwirtschaft zeigt, dass personelle Überlegungen bei allen wichtigen Entscheidungen des Unternehmens berücksichtigt werden müssen. Diese Feststellung hat unmittelbaren Einfluss auf die organisatorische Eingliederung des Personalwesens im Unternehmen.

In Kleinbetrieben behält sich die Geschäftsführung die Entscheidungen über wichtige personelle Maßnahmen meist auch dann vor, wenn bereits eine kleine Personalstelle zur Erfüllung der administrativen Aufgaben eingerichtet ist.

Mittlere und große Unternehmen stehen vor den Fragen, mit welchen Befugnissen sie ihre Personalabteilung ausstatten sollen und wie diese Organisationseinheit in die Unternehmensstruktur einzugliedern ist.

1.4.1 Klassische Organisationsformen

1.4.1.1 Einlinienorganisation

Die Einlinienorganisation ist die straffste Form der betrieblichen Aufbauorganisation.

Die Instanzen sind über einen einheitlichen Weg miteinander verbunden. Der Dienstweg muss von oben nach unten und umgekehrt eingehalten werden.

a) **Zuordnung als eigenständige Organisationseinheit**

a1) **auf der ersten Ebene**
Die Personalabteilung kann dabei auf der obersten Hierarchiestufe unterhalb der Geschäftsführung gleichrangig mit anderen Bereichen (Hauptabteilungen, Abteilungen) des Unternehmens angesiedelt werden.

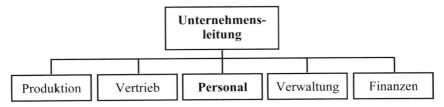

a2) **auf der zweiten Ebene**
In größeren Unternehmen ist die Personalabteilung häufig auf der zweiten Ebene der Aufbauorganisation eingeordnet. Im Allgemeinen ist sie dann der Kaufmännischen Leitung unterstellt.

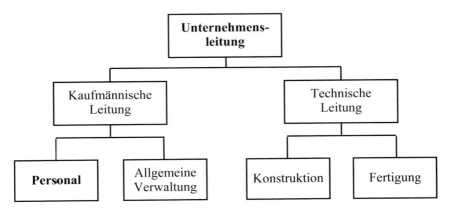

b) Zuordnung als verbundene Organisationseinheit

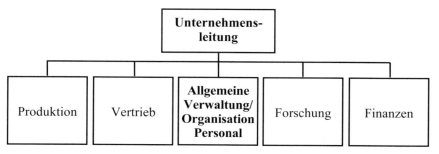

Hier ist die Personalabteilung Bestandteil des Geschäftsführungsbereiches „Allgemeine Verwaltung, Organisation, Personal". Das hat den Vorteil, dass zwischen Organisation und Personal unter dem gemeinsamen Leitungsbereich eine enge Zusammenarbeit möglich ist, zum Beispiel bei der Erarbeitung von Organigrammen, Stellenplänen und Stellenbeschreibungen. Die Schwerfälligkeit des Liniensystems wird hier weitgehend ausgeschaltet.

1.4.1.2 Mehrlinienorganisation

Beim Mehrliniensystem kommt es zu einer Mehrfachunterstellung.

Bei dieser Organisationsform ist die Personalabteilung mehreren Instanzen unterstellt, zum Beispiel zwei Geschäftsführungsbereichen.

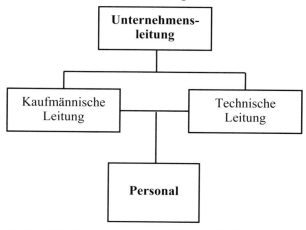

Bedingt durch die Mehrfachunterstellung können Reibungsverluste entstehen, weil das Ressortdenken der verschiedenen übergeordneten Instanzen einer einheitlichen Personalarbeit entgegenstehen kann.

1.4.1.3 Stab-Linien-Organisation

Die Personalabteilung kann als Stabsabteilung in die Unternehmensstruktur eingeordnet werden.

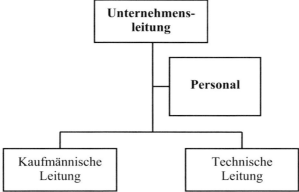

Durch den direkten Kontakt mit der Unternehmensleitung erhält die Personalabteilung frühzeitig umfassende Informationen über die verschiedenen Interessen und Probleme der Unternehmensbereiche.

Als nachteilig erweist sich, dass die Personalleitung – weil sie keine Linienfunktion hat – in wichtigen Personalangelegenheiten ohne Entscheidungsbefugnis ist. Daher kommt diese Organisationsform in der Praxis relativ selten vor.

1.4.2 Neuere Organisationsformen

1.4.2.1 Divisional-Organisation (Sparten-Organisation)

Unter dem Druck fortschreitender Diversifikation sind viele Großunternehmen von der funktionalen Organisationsstruktur abgegangen und haben eine Umgestaltung nach dem Objektprinzip vorgenommen.

Es werden homogene Geschäftsbereiche gebildet, im Allgemeinen nach Produkten bzw. Produktgruppen, in Einzelfällen auch nach Projekten, Herstellungsprozessen oder räumlichen Aspekten. Unter diesen Divisionen bzw. Sparten sind unternehmensähnliche Gebilde zu verstehen. Sie haben eine eigene Aufbauorganisation, in der sich alle für ein Unternehmen notwendigen Stellen nach dem Grundschema der Linienorganisation befinden.

Da die Divisionen (Sparten) ihre Geschäfte selbständig abwickeln und die Verantwortung für den Gewinn tragen, werden sie auch als

Profitcenter (Gewinnerzielungsbereiche)

bezeichnet.

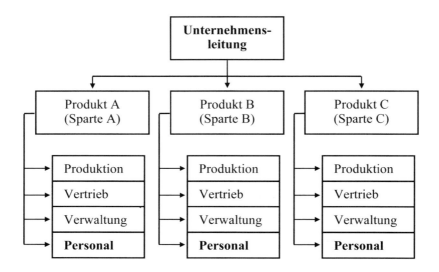

1.4.2.2 Matrix-Organisation

Die Matrix-Organisation entsteht durch die Überlagerung von funktionsorientierten und objektorientierten Organisationsstrukturen.

Bestimmte Funktionen, die sinnvollerweise gemeinsam bearbeitet werden – zum Beispiel Personalwesen – werden nicht den einzelnen Geschäftsbereichen überlassen. Es werden Bereiche bzw. Abteilungen gebildet, die mit den objektorientierten in der Weise kooperieren, dass die übergeordnete Unternehmensleitung nicht eingeschaltet werden muss.

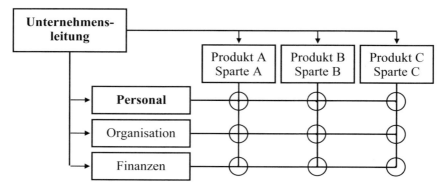

Bei dieser Matrix-Organisation wird zum Beispiel die Sparte A – wie die Sparten B und C – zur Genehmigung und Realisierung der Einstellung des notwendigen Personals direkt die Personalabteilung einschalten.

Teil II

1 Personalplanung

Die Personalplanung befasst sich mit der systematischen Vorbereitung aller wesentlichen Entscheidungen, die Personalangelegenheiten betreffen.

1.1 Verknüpfung mit anderen Bereichen der Unternehmensplanung

Die Personalplanung ist ein Instrument der in die Unternehmenspolitik eingebundenen Personalpolitik. Sie ist daher eng verzahnt mit anderen Bereichen der Unternehmensplanung.

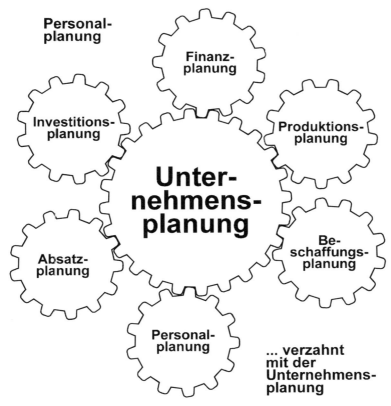

1.2 Arten der Personalplanung

Personalbedarfsplanung

Die Personalbedarfsplanung ist besonders eng mit den einzelnen Teilbereichen der Unternehmensplanung verknüpft. Sie wird daher als Kernstück der Personalplanung bezeichnet.

Frage: Wie hoch ist der Personalbedarf – quantitativ, qualitativ, zeitlich, örtlich – unter Berücksichtigung aller Teilplanungen des Unternehmens?

Personalanpassungsplanung

a) Personalbeschaffungsplanung

Hierbei geht es um die Frage, wie der Personalbedarf gedeckt werden kann.

Frage: Welche Beschaffungswege sind zu wählen, welche Maßnahmen sind durchzuführen und welche Kosten entstehen dabei?

b) Personalabbauplanung

Wird ein Teil des Personals nicht mehr benötigt, bedarf dies unverzüglicher Planungsmaßnahmen.

Frage: Wie kann überzähliges Personal unter Beachtung der gesetzlichen Bestimmungen, mit möglichst geringen sozialen Härten und unter vertretbaren wirtschaftlichen Bedingungen abgebaut werden?

Personaleinsatzplanung

Sie dient der Aufgabe, die vorhandenen Mitarbeiter entsprechend ihren Fähigkeiten an der jeweils richtigen Stelle einzusetzen.

Frage: Welche Mitarbeiter machen was, wann, wo, für welche Dauer und unter welchen Bedingungen?

Personalkostenplanung

Sie ist für viele Unternehmen ein wesentlicher Faktor innerhalb des gesamten Kostengefüges des Unternehmens.

Frage: Welche Kosten werden sich aus den geplanten personellen Maßnahmen ergeben?

Personalentwicklungsplanung

Bedingt durch die notwendigen Anpassungsprozesse aufgrund technischer, sozialer und wirtschaftlicher Änderungen ist die Bedeutung des planmäßigen Ausbaus der Personalstruktur erheblich gewachsen.

Frage: Wie können stellenbezogene Nachfolgeplanung und mitarbeiterbezogene Laufbahnplanung in Übereinstimmung gebracht werden?

1.3 Planungsfristen

Für die *Planungsfristen im Rahmen der Unternehmensplanung* gibt es keine fixen Vorgaben. Im Allgemeinen geht man von folgenden Zeiträumen aus:

Kurzfristige Planung:	bis 1 Jahr
Mittelfristige Planung:	3 – 5 Jahre
Langfristige Planung:	5 – 10 Jahre

Bei der *Personalplanung* – insbesondere bei der Bedarfs- und Entwicklungsplanung – gilt die Qualifikation der Mitarbeiter als wichtige Bestimmungsgröße für die Planungszeiträume.

Mitarbeiter, die einfache Tätigkeiten ausführen:	bis 3 Monate
Mitarbeiter ohne Führungsfunktion:	1/2 – 1 Jahr
Mitarbeiter mit Führungsfunktion:	2 – 3 Jahre
Wissenschaftliche Mitarbeiter, Spezialisten, oberste Führungskräfte	3 – 5 Jahre

1.4 Bedeutung der Personalplanung

Die aus den einzelnen Teilplanungen resultierenden Maßnahmen der Personalplanung sind für das Unternehmen und für die Beschäftigten von Vorteil. Daneben kann der Personalplanung eine gesamtwirtschaftliche Bedeutung beigemessen werden. Jedoch ist es wichtig, auch die Grenzen der Personalplanung zu erkennen.

1.5 Nutzen für den Arbeitgeber

- Qualitative und quantitative Engpässe werden rechtzeitig erkannt. Entsprechende Maßnahmen können eingeleitet werden.
- Steigende Mitarbeitermotivation führt zu geringeren Fehlzeiten und weniger Fluktuation.
- Gezieltes Vorgehen im Rahmen der Personalanpassungsplanung (Beschaffungs- und Abbauplanung) führt zu einer Verringerung des Risikos von Fehlentscheidungen.

- Das Erkennen von Qualifikationsreserven der Mitarbeiter ermöglicht eine optimale Personaleinsatzplanung.
- Rechtzeitige Personalentwicklungsmaßnahmen sichern die Zukunft des Unternehmens.
- Die Personalkosten bewegen sich in einem vertretbaren Rahmen.
- Die Wettbewerbsfähigkeit wird gestärkt und damit die Marktstellung gesichert.

1.6 Nutzen für den Arbeitnehmer

- Das Risiko des Arbeitsplatzverlustes wird verringert.
- Über- und Unterforderung werden vermieden.
- Die Lohn- und Gehaltsfindung bewegt sich in einem angemessenen Rahmen.
- Der innerbetriebliche Arbeitsmarkt wird transparenter.
- Durch eine abgestimmte Nachfolge- und Laufbahnplanung werden Aufstiegsmöglichkeiten geboten.

1.7 Gesellschaftlicher Nutzen

Unternehmen, die eine systematische Personalplanung durchführen

- sorgen für nationales Wachstum
- arbeiten für eine sichere Stellung auf dem Weltmarkt
- garantieren eine angemessene Beschäftigung der Bürger
- leisten ihren Beitrag zur Verringerung der Arbeitslosigkeit
- stärken die Kaufkraft
- haben einen positiven Einfluss auf das Bildungsniveau der Gesellschaft

1.8 Grenzen der Personalplanung

- Es gibt Unwägbarkeiten, die im persönlichen Bereich der Arbeitnehmer liegen und nicht planbar sind. Beispiele: Kündigung, Krankheit, Unfall, Tod.
- Das Arbeitsplatzrisiko kann nicht vollkommen beseitigt werden.
- Die Personalplanung wird aus der Unternehmensplanung abgeleitet und ist mit anderen Teilplanungen eng verknüpft. Fehler anderer Bereiche können oft nicht rechtzeitig berücksichtigt werden.
- Die Unsicherheiten des Absatzmarktes sind kaum kalkulierbar (Konjunktur, strukturelle Besonderheiten, weltwirtschaftliche Schwierigkeiten)
- Politische Entscheidungen und deren Folgen sind nur bedingt vorhersehbar.

1.9 Voraussetzungen für die erfolgreiche Einführung

Der Erfolg der Personalplanung hängt wesentlich davon ab, ob die notwendigen unternehmenspolitischen Entscheidungen und Maßnahmen getroffen wurden.

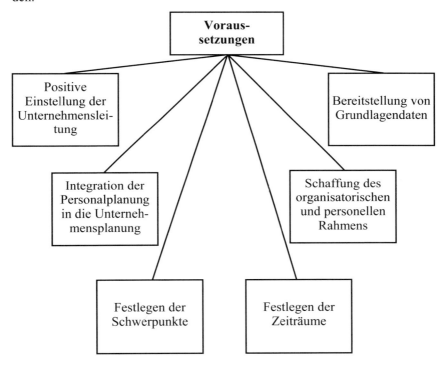

a) Positive Einstellung der Unternehmensleitung

Die Leitung des Unternehmens muss von der Notwendigkeit und dem Nutzen der Personalplanung wirklich überzeugt sein. Sie muss auch bereit sein, sie gegen Widerstände aus den eigenen Reihen durchzusetzen.

b) Integration der Personalplanung in die Unternehmensplanung

Um die Personalplanung effizient durchzuführen, muss sie mit den anderen Teilbereichen der Unternehmensplanung koordiniert werden. Nur so kann die Verwirklichung der Unternehmensziele erreicht werden.

c) Festlegen der Schwerpunkte

Es muss entschieden werden, wie differenziert die Personalplanung durchgeführt werden soll. Das hängt von der Größe des Unternehmens, dem Unternehmenszweck, der Aufgabenstruktur und den Mitarbeiterqualifikationen ab. Oft ist es sinnvoll, zunächst ein Planungspaket zusammenzustellen (zum Beispiel Bedarfsplanung, Beschaffungsplanung und Kostenplanung), das erweiterungsfähig ist.

d) Festlegen der Zeiträume

Die Planungszeiträume sind unter anderem abhängig von der Mitarbeiterqualifikation. Je höher die Qualifikation, desto längerfristiger ist die entsprechende Personalplanung vorzunehmen (siehe Teil II, 1.3).

e) Schaffung des organisatorischen und personellen Rahmens

Die Zustimmung der Unternehmensleitung muss auch die Bereitschaft umfassen, den entsprechenden Rahmen zu schaffen. Sie muss die entsprechende Personalkapazität genehmigen und diese angemessen in die Aufbauorganisation integrieren. Dazu müssen die notwendigen finanziellen Mittel zur Verfügung stehen.

f) Bereitstellung von Grundlagendaten

Um eine funktions- und aussagefähige Planung aufzubauen, muss das entsprechende Datengerüst zur Verfügung stehen. Erforderlich sind:

- Marktbezogene Daten
- Produktionsbezogene Daten
- Stellenbezogene Daten
- Personenbezogene Daten
- Entgeltbezogene Daten

1.10 Mitwirkung des Betriebsrates bei der Personalplanung

§ 92 Betriebsverfassungsgesetz

§ 92 Abs. 1 Informations- und Beratungsrecht

„Der Arbeitgeber *hat* den Betriebsrat über die Personalplanung, insbesondere über den gegenwärtigen und künftigen Personalbedarf sowie über die sich daraus ergebenden personellen Maßnahmen und Maßnahmen der Berufsbildung an Hand von Unterlagen rechtzeitig und umfassend zu *unterrichten*. Er *hat* mit dem Betriebsrat über Art und Umfang der erforderlichen Maßnahmen und über die Vermeidung von Härten zu *beraten*."

Die Personalplanung selbst wird vom Gesetzgeber nicht vorgeschrieben; sie wird vorausgesetzt. Es wird nicht von einem hochentwickelten Planungssystem ausgegangen.

Was wird im Gesetz nicht geregelt?
- Art und Weise sowie Zeitpunkt der Unterrichtung und der Beratung
- Art und Umfang der vorzulegenden Unterlagen

Verfahren:

Information und Beratung sollten so durchgeführt werden, dass der Betriebsrat die Möglichkeit hat, die Interessen der Arbeitnehmer, die von den Maßnahmen betroffen werden, so rechtzeitig zur Geltung zu bringen, dass sie bereits bei der Planung berücksichtigt werden können.

Es ist sinnvoll, in Abstimmung mit dem Betriebsrat ein Verfahren festzulegen. Gesprächspartner des Arbeitgebers sollte ein Gremium sein, zum Beispiel
- der Betriebsrat insgesamt
- ein bestehender Betriebsausschuss
- ein besonderer Personalplanungsausschuss

§ 92 Abs. 2 Vorschlagsrecht

Wenn der Arbeitgeber keine Personalplanung praktiziert, entfällt das Informations- und Beratungsrecht.

„Der Betriebsrat *kann* dem Arbeitgeber Vorschläge für die Einführung einer Personalplanung und ihre Durchführung *machen.*"

Der Betriebsrat kann aufgrund seines Vorschlagsrechtes auf die Durchführung einer Personalplanung drängen. Eine Realisierung seiner Vorschläge gegen den Willen des Arbeitgebers kann er jedoch nicht erzwingen.

2 Personalbedarfsermittlung

Ohne Kenntnis des qualitativen und quantitativen Personalbedarfs ist weder eine Beschaffungs- noch eine Einsatzplanung möglich.

Daher ist die Personalbedarfsplanung das *Kernstück* jeder Personalplanung. Sie ist direkt mit einzelnen Teilen der Unternehmensplanung verknüpft und kann daher nur in Zusammenarbeit mit anderen Unternehmensbereichen vorgenommen werden.

Ein sehr sorgfältiges Vorgehen ist unbedingt erforderlich. Um Fehlplanungen und deren Folgen zu vermeiden, ist es wichtig, die Einflussfaktoren zu kennen und deren Auswirkungen richtig einzuschätzen.

2.1 Einflussfaktoren

a) Externe Einflussfaktoren

Es gibt Faktoren, die von außen auf die einzelnen Teilplanungen des Unternehmens und damit auf die Personalbedarfsplanung einwirken. Sie sind von den Unternehmen selbst gar nicht oder nur indirekt bestimmbar.

b) Interne Einflussfaktoren

Es gibt interne Einflussfaktoren, die zum Teil aus den externen abgeleitet werden und daher nur begrenzt beeinflussbar sind. Daneben gibt es Faktoren, deren Trends und Auswirkungen durch die Strategie und Politik des Unternehmens bestimmt werden.

Einflussfaktoren auf die Personalbedarfsplanung

Externe Einflussfaktoren
- Absatzmarktveränderungen
  - Konjunkturelle Lage
  - Konkurrenzverhalten
  - Branchenentwicklung
- Arbeitsmarktveränderungen
  - Personalangebot und -nachfrage (qualitativ und quantitativ)
- Technologische Veränderungen
- Veränderungen aufgrund von Gesetzen, Tarifen und Rechtsprechungen
- Wirtschaftspolitische Änderungen

Interne Einflussfaktoren
- Geplante Absatzmenge
- Arbeitsproduktivität
- Geplanter Produktionsablauf
  - Produktionsverfahren
  - Technikeinsatz
  - Arbeitsorganisation
  - Betriebszeiten
  - Arbeitszeitformen
- Belegschaftsentwicklung
  - Zu- und Abgänge
  - Altersstruktur
  - Qualifikationsstruktur
- Fehlzeiten und Fluktuation
- Aufbau- und Ablauforganisation
- Personalkosten

2.2 Bedarfsarten

Beim Vergleich von Personal-Soll und Personal-Ist nach Anzahl, Art, Einsatzzeitpunkt und -ort wird die völlige Übereinstimmung selten gegeben sein. Es ergeben sich unterschiedliche Bedarfsarten.

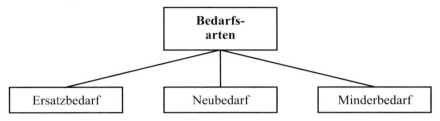

a) Ersatzbedarf

Arbeitsplätze werden befristet oder unbefristet frei und sollen wieder besetzt werden.

Gründe:

unbefristet:
– Arbeitnehmer- und Arbeitgeberkündigung
– Aufhebungsvertrag
– Erreichen der Altersgrenze
– Berufs- oder Erwerbsunfähigkeit
– Tod

befristet:
– Mutterschutz
– Elternzeit
– Bundeswehr
– Ersatzdienst
– Längerer Auslandsaufenthalt
– Längere Krankheit
– Längere Beurlaubung

b) Neubedarf

Der Neubedarf ergibt sich aus der Einrichtung zusätzlicher Planstellen.

Gründe:
– Expansion des Unternehmens oder einzelner Bereiche
– Neue technische Verfahren
– Bedarf an neuen wissenschaftlichen Erkenntnissen
– Neue Vorschriften (Datenschutz, Sicherheit)
– Schaffung sozialer Einrichtungen (Kindergarten, Kantine, psychologische Betreuung)

c) **Minderbedarf** (Freistellungsbedarf)

Bei diesem negativen Bedarf handelt es sich um einen abzubauenden Personalüberhang.

Gründe:
- Auftragsrückgang
- Stilllegung von Betriebsstätten
- Rationalisierung
- Neue Organisationsstrukturen

2.3 Bedarfsprognosen

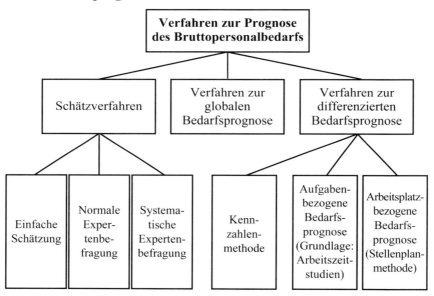

a) **Schätzverfahren**

Besonders in kleinen und mittleren Unternehmen sind Schätzverfahren sehr verbreitet. Diese Verfahren sind zwar mit Ungenauigkeiten und Korrekturen verbunden, haben jedoch einen vertretbaren Planungsaufwand.

a1) **Einfache Schätzung**

Die Bedarfsangaben beruhen auf den subjektiven Angaben einzelner Führungskräfte, da diese ihre Bewertung aufgrund von Intuition und Erfahrung vornehmen.

a2) Normale Expertenbefragung

Mehrere kompetente Personen stimmen ihre subjektiven Einzelprognosen ab und gelangen so zu einem Gruppenurteil.

a3) Systematische Expertenbefragung

Anhand eines Fragebogens werden die Experten systematisch nach ihren Prognosen und Begründungen befragt. Objektiviert wird dieses Verfahren, wenn nicht nur Angaben von Führungskräften aus dem Unternehmen eingehen, sondern auch von Außenstehenden, zum Beispiel von Unternehmensberatern, die auf Erfahrungswerte und Kennzahlen aus anderen Unternehmen zurückgreifen und diese in ihre Schätzung einfließen lassen.

b) Verfahren zur globalen Bedarfsprognose

Diese Verfahren beziehen sich auf Vergangenheitswerte und bestimmen global künftige Größen. Voraussetzung für die Anwendung ist das Vorhandensein detaillierter Statistiken.

Es wird von der Annahme ausgegangen, dass in der Vergangenheit festgestellte Abhängigkeiten zwischen den Entwicklungen zweier oder mehrerer Größen auch in Zukunft erhalten bleiben.

Beispiele:

Gesamtgeschäftsvolumen ⟷ Gesamtbelegschaft

Produktionshöhe ⟷ Anzahl der Mitarbeiter in der Produktion

Auftragseingang ⟷ Anzahl der Verkaufskräfte

Die Anwendung dieser Methoden setzt voraus, dass in der Planperiode im Unternehmen keine besondere technische Entwicklung stattfindet und dass die Arbeitsverfahren sowie das Leistungsangebot konstant bleiben.

c) Verfahren zur differenzierten Bedarfsprognose

c1) Kennzahlenmethode

Die Kennzahlenmethode wird hier der differenzierten Bedarfsermittlung zugerechnet. Sie kann auch den globalen Bedarfsprognosen zugeordnet werden.

− Kennzahl „Arbeitsproduktivität":

Sie wird errechnet, indem eine Ertragsgröße (Absatzmenge, Umsatz) in Beziehung gesetzt wird zum Arbeitseinsatz (Beschäftigtenzahl, Arbeitszeit, Personalkosten).

$$\text{Arbeitsproduktivität} = \frac{X \text{ EUR (Umsatz)}}{Y \text{ Beschäftigte}}$$

Der Personalbedarf wird dann wie folgt errechnet:

$$\text{Personalbedarf} = \frac{\text{Künftiger Umsatz}}{\text{Arbeitsproduktivität}}$$

- Kennzahl „Arbeitszeit pro Erzeugniseinheit":

  Es werden Kennzahlen verwendet, die angeben, wie hoch der Arbeitsaufwand für eine bestimmte Leistungsmenge ist. Anwendung: zum Beispiel in der direkten Produktion oder an Montagearbeitsplätzen.

- Kennzahl „Arbeitskräftestruktur":

  Einzelne Gruppen von Arbeitskräften werden zueinander in Verbindung gesetzt.

  So kann zum Beispiel das Verhältnis von Hilfskräften zu Fachkräften festgelegt werden.

  Der Bedarf an Führungskräften kann aufgrund von Führungs- und Kontrollspannen bemessen werden, die festlegen, wie viele Beschäftigte ein Vorgesetzter führen bzw. beaufsichtigen kann.

c2) Aufgabenbezogene Bedarfsprognose

Diese Prognose wird aufgrund von Arbeitszeitstudien vorgenommen.

Im Fertigungsbereich hat sich die Personalbemessung aufgrund arbeitswissenschaftlicher Methoden, zum Beispiel REFA[1], gut durchgesetzt. Bei dieser aufgabenbezogenen Personalbedarfsermittlung wird die erforderliche Zeit anhand von Arbeitsablauf- und Organisationsanalysen ermittelt. Arbeitsabläufe werden in kleinste Teilabschnitte zerlegt, für die Vorgabezeiten, unter Berücksichtigung von Erholungs-, Rüst- und Fehlzeiten, festgelegt werden.

Der Einsatzbedarf wird errechnet durch:

$$\frac{\text{Häufigkeit der Tätigkeit} \times \text{Zeitbedarf pro Arbeitsvorgang}}{\text{verfügbare Arbeitszeit pro Arbeitskraft}}$$

c3) Arbeitsplatzbezogene Bedarfsprognose

Bei dieser Prognose handelt es sich um die Stellenplanmethode.

Die Stellenplanmethode wird vor allem da angewendet, wo die Belegung der Arbeitsplätze fix, das heißt kurzfristig unabhängig von der Ausbringungsmenge ist. Dies ist überwiegend im Dienstleistungs- und Verwaltungsbereich der Fall.

---

[1] REFA: 1924 gegründeter Reichsausschuss für Arbeitszeitermittlung; jetzt: Verband für Arbeitsstudien und Betriebsorganisation e. V.

Mit der Aufstellung des Stellenplans wird der Bruttopersonalbedarf ermittelt. Der Stellenplan wird aus dem Organisationsplan, der schaubildlichen Darstellung der betrieblichen Organisation, abgeleitet. Ein zusätzlicher Stellenbesetzungsplan ist die Grundlage für die Errechnung des Nettopersonalbedarfs. Dabei ist zu beachten, dass sich im Planungszeitraum Veränderungen durch Zu- oder Abgänge ergeben.

2.4 Stellenplan und Stellenbesetzungsplan

Der *Stellenplan* (Personal-Soll) enthält den Bruttopersonalbedarf. Er umfasst alle Stellen und deren Bezeichnungen. Eine grafische Darstellung ist bei größeren Unternehmen nicht mehr zweckmäßig. Die Auflistung erfolgt dann in tabellarischer Form. Zu unterscheiden sind der Gesamtstellenplan für das gesamte Unternehmen und die Stellenpläne für einzelne Organisationseinheiten, Filialen oder Niederlassungen.

Zusätzlich zu den Angaben im Stellenplan wird im *Stellenbesetzungsplan* erfasst, ob und von wem die Stellen besetzt sind. Mit diesem Instrument kann der Ist-Personalbestand festgehalten werden. Mindestangaben zu den Stelleninhabern sind deren Namen und Titel. Zusätzlich können Angaben zum Alter, zum Dienstalter, zu den Kompetenzen und zu den Lohn- und Gehaltsstufen gemacht werden.

2.5 Stelle

Für die Neubildung von Stellen gibt es im Allgemeinen zwei Ursachen:
- Ausweitung bzw. Neugliederung von Arbeitsgebieten
- Schaffung neuer Arbeitsgebiete

Eine Stelle entsteht durch die Zusammenfassung von Einzelaufgaben zum Aufgabenbereich einer vollbeschäftigten Person.

Merkmale:

Die Stelle
- ist die kleinste organisatorische Einheit
- besteht bei Personenwechsel weiter
- grenzt den Kompetenzbereich des Stelleninhabers ab
- berücksichtigt die Leistungsfähigkeit einer Person
- legt die Aufgaben des Stelleninhabers fest

2.5.1 Stellenbeschreibung

Eine Stellenbeschreibung stellt das Stellenbild dar. Funktionen, Verantwortungsbereiche und Aufgaben der Stelle im Rahmen der Gesamtorganisation werden – *unabhängig von ausführenden Personen* – beschrieben.

Aufbau einer Stellenbeschreibung:

1. *Organisatorische Zuordnung*   – Bezeichnung der Stelle   – Zuordnung/Dienstrang   – Niederlassung/Abteilung   – Über-/Unterstellung
2. *Stellvertretung*   – Stelleninhaber wird vertreten   – Stelleninhaber vertritt
3. *Ziel der Stelle*   – Verantwortungsbereich
4. *Aufgaben des Stelleninhabers*   – Hauptaufgaben   – Nebenaufgaben   – Sonstige Aufgaben (Sonderaufgaben)
5. *Kompetenzen des Stelleninhabers*   – Unterschrift mit folgendem Zusatz: …   – Einkaufs-/Anweisungsbefugnis bis EUR …   – Sonstige Befugnisse
6. *Konsens*

Im Rahmen der Organisations- und Personalarbeit haben Stellenbeschreibungen einen besonderen Wert. Neben der klaren Abgrenzung von Aufgaben und Kompetenzen bietet die Stellenbeschreibung weitere Vorteile:

Sie ist Grundlage für die

- Aufbau- und Ablauforganisation
- Erstellung eines Anforderungsprofils
- inhaltliche Gestaltung der internen und externen Stellenausschreibung

Sie dient als Hilfsmittel bei

- der Personalplanung allgemein und bei einzelnen Teilplanungen
- der Durchführung von Vorstellungsgesprächen
- der Einarbeitung neuer Mitarbeiter
- der Erstellung von Beurteilungen und Zeugnissen
- der Arbeitsplatzorganisation

Obwohl diese Vorteile bekannt sind, zögern viele Unternehmen mit der Einführung von Stellenbeschreibungen. Aus ihrer Sicht sehen sie folgende Nachteile:
- Die Erstellung ist aufwendig.
- Häufige Veränderungen erfordern permanente Pflege.
- Es entsteht Unruhe bei den Mitarbeitern zur Zeit der Erstellung.
- Die Flexibilität der Mitarbeiter geht zurück, weil sie sich hinter ihrer Stellenbeschreibung „verschanzen".

2.5.2 Anforderungsprofil und Qualifikationsprofil

Anforderungsprofile bauen auf Stellenbeschreibungen auf. Sie legen fest, welche fachlichen und persönlichen Voraussetzungen ein Bewerber bzw. Mitarbeiter haben muss, um den Anforderungen der Stelle zu entsprechen.

Fachliche Voraussetzungen:
- Berufsausbildung
- Fortbildung
- Studium
- Berufserfahrung
- Spezielle Kenntnisse und Fertigkeiten

Persönliche Voraussetzungen:
- Zuverlässigkeit
- Belastbarkeit
- Freundlichkeit
- Lernfähigkeit
- Lernbereitschaft
- Kreativität
- Flexibilität
- Soziale Kompetenz
- Führungsfähigkeiten

Im *Qualifikationsprofil* (Fähigkeitsprofil) werden die tatsächlichen Fähigkeitsmerkmale des Bewerbers bzw. Mitarbeiters erfasst.

Im „Idealfall" stimmen Anforderungsprofil und Qualifikationsprofil überein.

2.5.3 Personalanforderung

Im konkreten Bedarfsfall sollte von den Fachabteilungen eine „Personalanforderung" erstellt und an die Personalabteilung weitergeleitet werden.

Aufbau:

PERSONALANFORDERUNG für
Abteilung: ……………............... Kostenstelle: …………………………..
Wir beantragen die Zuweisung eines Mitarbeiters
– als Ersatz für …………………, ☐ versetzt ☐ ausgeschieden am
– als Zusatzkraft in Stelle …………………………………………………..
– als Aushilfe für …………………….. Zeitraum ………………………
Kennzeichnung der Stelle:
– Aufgabengebiet:
– Tätigkeitsbezeichnung:
– Kompetenzen:
– Entwicklungsmöglichkeiten:
– Gehaltsrahmen: von EUR ………. bis EUR ………, Lohn-/Tarifgruppe: ………
Anforderungen an den Stelleninhaber:
– fachliche Voraussetzungen:
– Ausbildung:
– Studium:
– Spezialkenntnisse:
– Berufserfahrung:
– persönliche Voraussetzungen:
– gewünschter Eintrittstermin: …………………………………………………..
Bemerkungen:
Ausgestellt   Genehmigt und der Personalabteilung zugeleitet
……………………………   …………………………………………………
Datum/Unterschrift   Datum/Unterschrift

Zweck der Personalanforderung:
- Die anfordernde Abteilung muss genaue Angaben über den gesuchten Mitarbeiter machen und den Genehmigungsweg einhalten.
- Die Personalabteilung kann anhand dieser Daten den Beschaffungsvorgang gezielt planen und durchführen.

3 Personalbeschaffung

Es ist zu klären, welche Beschaffungswege gewählt und welche Maßnahmen dabei durchgeführt werden sollen.

Zunächst ist zu entscheiden, über welchen Arbeitsmarkt der Beschaffungsvorgang abgewickelt werden soll. Zur Verfügung stehen:
- der innerbetriebliche Arbeitsmarkt
- der außerbetriebliche Arbeitsmarkt

In vielen Fällen ist es sinnvoll, beide Märkte in die Überlegungen einzubeziehen, um Lösungen zu finden, die den Interessen des Betriebes und der Mitarbeiter gerecht werden.

3.1 Innerbetrieblicher Arbeitsmarkt

Interne Personalbeschaffung

Vorteile	Nachteile
– Der Mitarbeiter kennt das Unternehmen	– Akzeptanzprobleme
– Das Unternehmen kennt den Mitarbeiter	– Fortbildungskosten
– Kurze Beschaffungszeit	– Geringere Auswahlmöglichkeiten
– Geringe Beschaffungskosten	– „Frischer Wind" von außen fehlt – bezogen auf
– Mitarbeitermotivation	• neue wissenschaftliche Kenntnisse
– Einhaltung des betrieblichen Entgeltniveaus	• Konkurrenz- und Kunden-„Know-how"
	• Arbeitsabläufe
	– Enttäuschung abgelehnter Bewerber
	– Aus Angst vor Ablehnung bewerben sich nicht die richtigen Mitarbeiter
	– Beförderungsautomatismus (Seniorenprinzip)
	– Der versetzte Mitarbeiter hinterlässt eine Lücke (unbesetzter Arbeitsplatz)

3.1.1 Interne Stellenausschreibung

Die interne Stellenausschreibung ist ein „Muss", wenn es in einem Unternehmen einen Betriebsrat gibt und dieser von seinem Recht Gebrauch macht, die interne Ausschreibung generell oder für bestimmte Arten von Tätigkeiten zu verlangen.

§ 93 Betriebsverfassungsgesetz

„Der Betriebsrat kann verlangen, dass Arbeitsplätze, die besetzt werden sollen, allgemein oder für bestimmte Arten von Tätigkeiten vor ihrer Besetzung innerhalb des Betriebs ausgeschrieben werden."

Aufbau und Inhalt einer internen Stellenausschreibung:

Interne Stellenausschreibung
In der Organisationseinheit .... ist eine Stelle als .... zu besetzen. Aufgaben
Fachliche und persönliche Voraussetzungen:
Arbeitszeit: .... Eintrittstermin: .... Einstufung: ....
Falls Sie interessiert sind, nehmen Sie bitte Kontakt mit der Personalabteilung, Herr/Frau ...., auf. Tel. ....
Personalabteilung
.... Datum   Unterschrift

Um die reibungslose Abwicklung der internen Ausschreibung sicherzustellen, empfiehlt es sich, dass Unternehmensleitung und Betriebsrat eine entsprechende *Betriebsvereinbarung* abschließen.

Inhalte können sein:
- Umfang und Bedingungen der Ausschreibung (alle Gruppen oder bestimmte Arbeitsplätze)
- Zeitpunkt der Ausschreibung (wie lange vor Freiwerden des auszuschreibenden Arbeitsplatzes) und Dauer der Ausschreibung
- Inhalt der Ausschreibung
- Bewerbungsunterlagen, -fristen, -bedingungen
- Ort der Ausschreibung (Schwarzes Brett, Hauszeitschrift, ...)
- Organisatorische Regelungen: Vorstellung, Freistellungsfristen, Probezeit etc.
- Auswahlgesichtspunkte (zum Beispiel Bevorzugung von internen gegenüber externen Bewerbern bei gleicher Eignung)

3.1.2 Innerbetriebliche Personalbörse

Die innerbetriebliche Personalbörse könnte man als „Interne Agentur für Arbeit" bezeichnen. Um Mitarbeitern die Möglichkeit zu geben, Stellen- bzw. internen Aufgabenwechsel aktiv zu betreiben, ohne auf eine interne Ausschreibung warten zu müssen, kann in größeren Unternehmen eine Personalbörse eingerichtet werden.

Zweck:
- Es kommt zu einer Dynamisierung des internen Arbeitsmarktes.
- Wechselwillige Mitarbeiter können den Veränderungswunsch signalisieren, ohne auf eine interne Ausschreibung zu warten.
- Suchende Vorgesetzte können bei Ersatz- und Neubedarf sofort auf die Personalabteilung zugehen, die auf ein größeres Potential zurückgreifen kann.

Beteiligte Personen/Instanzen:

Die *Personalabteilung* ist Schaltstelle und Mittler zwischen wechselwilligen *Mitarbeitern* und suchenden *Vorgesetzten*.

Ablauf:
- Für die Mitarbeiter und für die suchenden Vorgesetzten läuft das Verfahren zunächst anonym ab.

- Alle Daten werden streng vertraulich behandelt.
- Die Mitarbeiter signalisieren der Personalabteilung ihre Veränderungswünsche.
- Die Personalabteilung hält die Qualifikationsprofile fest.
- Die Personalabteilung ordnet die Qualifikationsprofile nach Suchkriterien.
- Die Personalabteilung stellt diese Informationen (grober Überblick) den Fachabteilungen – anonym – zur Verfügung.
- Die Fachabteilungen fordern bei Vakanz weitere Informationen bei der Personalabteilung an. Anforderungsprofile und Qualifikationsprofile werden auf Übereinstimmung geprüft.
- Interessierte Fachabteilungen informieren die Personalabteilung. Die Mitarbeiter werden zu einem Vorstellungsgespräch eingeladen.
- Nach einer Einigung folgt die Versetzung.

Um eine Überdynamisierung zu vermeiden, sollten Rahmenbedingungen festgelegt werden, zum Beispiel:

- Prioritätenregel bei konkurrierenden Veränderungswünschen
- Maximale Anzahl von Stellenwechseln innerhalb eines bestimmten Zeitraumes

3.2 Außerbetrieblicher Arbeitsmarkt

Mitarbeiter über den externen Arbeitsmarkt zu beschaffen, ist für die Unternehmen mit unterschiedlichen Aktivitäten verbunden.

3.2.1 Beschaffungswege

Direkte (offene) Personalwerbung:

Ein Unternehmen leitet Maßnahmen ein, um eine Ersatz- oder Neubeschaffung zu realisieren, zum Beispiel mit einer Stellenanzeige.

Indirekte (latente) Personalwerbung:

Bei einem Bewerber wird aufgrund anderer Maßnahmen der Wunsch geweckt, sich bei diesem Unternehmen zu bewerben.

Beschaffungswege

Direkte Personalwerbung

- Stellenanzeigen in Zeitungen, Fachzeitschriften und im Internet
- Einschaltung der Agentur für Arbeit
- Einschaltung von privaten Agenturen und privaten Arbeitsvermittlern
- Einschaltung von Personalleasingunternehmen
- Kontakte zu Unternehmen, die Personal freisetzen
- Hinweise auf Anschlagtafeln (Firmengelände)
- Suchmeldungen an Schulen, Akademien, Fach- und Hochschulen

Indirekte Personalwerbung

- Auswertung der Eigeninserate von Stellensuchenden
- Auswertung von unverlangt eingehenden Bewerbungen
- Pflege einer Bewerberkartei (-datei)
- Imagepflege durch Öffentlichkeitsarbeit und Werbung
- Kontaktpflege zu Schulen, Akademien, Fach- und Hochschulen
- Präsenz auf Hochschulmessen
- Befristete Beschäftigung von Werkstudenten, Praktikanten, Diplomanden und Doktoranden

3.2.1.1 Externe Stellenausschreibung

Hauptsächlich bieten sich folgende Medien für die Stellenanzeige an.

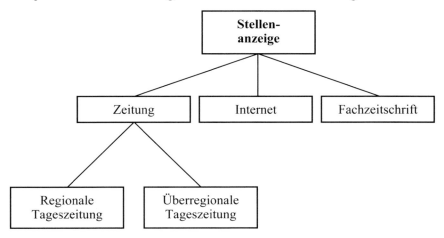

a) **Anzeige in einer Zeitung**

a1) **Regionale Tageszeitung**

Das Medium Tageszeitung bietet sich an, wenn es in diesem Beruf ein großes Angebot an Arbeitskräften in der Region gibt.

a2) **Überregionale Tageszeitung**

Die Entscheidung für die überregionale Tageszeitung ist sinnvoll, wenn mobile Zielgruppen angesprochen werden sollen und in der Region nur ein relativ geringes Potential vorhanden ist. Außerdem ist zu berücksichtigen, dass insbesondere Führungskräfte oft die Erwartungshaltung haben, in diesem Medium eine Anzeige für eine Stelle zu finden, die ihren Vorstellungen entspricht.

b) **Internet**

Zunehmend wird das Medium „Internet" für Stellenanzeigen genutzt. Insbesondere Bewerber aus bestimmten Berufsgruppen, zum Beispiel Informatiker, fühlen sich über diesen Weg richtig angesprochen.

c) **Anzeige in einer Fachzeitschrift**

Eine Fachzeitschrift wird in Unternehmen in Umlauf gegeben. Von privaten Abonnenten wird sie oft archiviert. Die Anzeige hat daher eine längere Wirkungsdauer und ist für die langfristige Personalsuche besonders interessant. Die Zielgruppe wird direkt angesprochen, es kommt nur zu geringen Streuverlusten.

Aufbau und Inhalt von Stellenanzeigen

Nach dem *klassischen Grundschema* werden Stellenanzeigen wie folgt gegliedert:

Wir sind ...	– Informationen über das Unternehmen (Produkte, Projekte, Dienstleistungen, Firmensitz, Mitarbeiterzahl, Umsatz, Marktstellung)
Wir haben ...	– Aussagen zur Stelle (Auszüge aus der Stellenbeschreibung)
Wir suchen/wir erwarten ...	– Fachliche und persönliche Voraussetzungen des Bewerbers (Auszüge aus dem Anforderungsprofil)
Wir bieten ...	– Aussagen zum Gehalt und zu den Sozialleistungen
Wir bitten ...	– Bewerbungsart/Kontaktstelle bzw. -person

Je nach Art der Unternehmung, Zielgruppe usw. wird in der Praxis von diesem Grundschema abgewichen. Viele Verfasser orientieren sich heute an der AIDA-Formel aus dem Produktmarketing. Sie achten darauf, dass die inhaltlichen Angaben in Verbindung mit dem Aufbau der Anzeige dem „AIDA-Prinzip" entsprechen.

A	=	Aufmerksamkeit
I	=	Interesse
D	=	Drang/Wunsch
A	=	Aktion

Sie verlassen das klassische Feld, indem sie zum Beispiel am Anfang die Vorstellung des Unternehmens weglassen und stattdessen die potentiellen Interessenten direkt ansprechen.

Beispiele:
- Sind Sie die Assistentin, die wir suchen?
- Haben Sie in der letzten Zeit einmal an einen Berufswechsel gedacht?
- Suchen Sie eine verantwortungsvolle und abwechslungsreiche Tätigkeit?

Mit dieser moderneren Art der Anzeigengestaltung wird versucht, nicht nur die Stellensuchenden anzusprechen. Es sollen auch Beschäftigte angesprochen werden, deren Wunsch nach Veränderung erst geweckt werden soll.

3.2.1.2 Agentur für Arbeit

Die Agenturen für Arbeit sind öffentliche Institutionen, die unter anderem für die unparteiliche und unentgeltliche Vermittlung von Arbeitskräften zuständig sind. Für Fach- und Führungskräfte bieten sie besondere Vermittlungsdienste an.

- Größere Arbeitsmarkttransparenz
- Schnelle und kostenlose Vermittlung
- Positionsbezogene Vorauslese
- Fachgerechte Beratung

- Je nach Knappheit der Arbeitskräfte – bezogen auf bestimmte Berufsgruppen – ist die Agentur für Arbeit oft nicht in der Lage zu vermitteln.

3.2.1.3 Agentur/Personalberater

Bei der Suche von Führungs- und Führungsnachwuchskräften wird häufig eine Agentur (Personalberatung) eingeschaltet.

Das suchende Unternehmen tritt zunächst nicht in Erscheinung. Die Beraterfirmen geben oft eine Kontaktperson oder Telefonnummer an, so dass sich der Interessent – auch am Wochenende – erste Informationen geben lassen kann. Er muss seine Daten zunächst nicht schriftlich in umfangreicher Form preisgeben. Außerdem muss er nicht befürchten, dass seine Veränderungsabsichten durch Indiskretion bekannt werden.

Für das personalsuchende Unternehmen bietet die Einschaltung einer Agentur folgende Vorteile:

- Das suchende Unternehmen bleibt zunächst anonym.
- Der aufwendige Personalbeschaffungsvorgang wird ausgelagert. Durch Zeit- und Kostenersparnis werden die Beraterkosten weitgehend kompensiert.
- Die Agentur beschäftigt Mitarbeiter mit Spezialkenntnissen und Erfahrungen auf dem Gebiet der Bewerberauswahl. Dadurch wird das Risiko der Fehlentscheidung verringert.

Folgende Aufgaben werden von der Agentur – nach Abstimmung mit dem Auftraggeber – übernommen:

- Erarbeitung eines Anforderungsprofils
- Analyse des Umfeldes (Arbeitsgruppenanalyse)
- Schalten der Stellenanzeige
- Analyse und Bewertung der Bewerbungsunterlagen
- Durchführung von Tests und Assessment-Center
- Vorstellungsgespräche
- Vorauswahl
- Beratung des Auftraggebers bei der Endauswahl

3.2.1.4 Private Arbeitsvermittlung

Die klassischen Agenturen durften – einem Abkommen entsprechend – im Rahmen ihrer Beratertätigkeit nur Führungs- und Führungsnachwuchskräfte vermitteln. Nach einer Gesetzesänderung ist für sie und andere berechtigte Unternehmen die private Arbeitsvermittlung unabhängig von der Funktion der zu Vermittelnden möglich.

Neben den Agenturen haben insbesondere die Zeitarbeitsunternehmen (Leasingunternehmen) sehr schnell von dieser zusätzlichen Marktchance Gebrauch gemacht. Die private Arbeitsvermittlung darf nur von Unternehmen durchgeführt werden, die eine entsprechende Erlaubnis haben.

Genutzt wird diese Arbeitsvermittlung eher von kleinen und mittleren Unternehmen. Sie lassen die aufwendige Suche nach geeigneten Bewerbern von der „externen Personalabteilung" durchführen und sich diese Dienstleistung in Rechnung stellen. Für die Bewerber ist das Verfahren nicht mit Kosten verbunden.

Ablauf für den Bewerber:

- Persönliches Gespräch (Kennenlernen/Äußerung des Berufswunsches)
- Analyse der Vermittlungschance
- Aufzeigen der Perspektiven
- Überprüfung der Bewerbungsunterlagen
- Hinweise für das Verhalten bei Vorstellungsgesprächen
- Herstellen des Kontaktes mit interessierten Unternehmen

3.2.1.5 *Arbeitnehmerüberlassung (Personalleasing)*

Eine Möglichkeit zur Überbrückung personeller Engpässe ist die Arbeitnehmerüberlassung.

Dabei werden Dritten (Entleihern) von Leasingunternehmen (Verleiher) Arbeitnehmer (Leiharbeitnehmer) zeitweise zur Erstellung von Arbeitsleistungen gegen Entgelt überlassen.

Es bestehen folgende Vertragsverhältnisse:

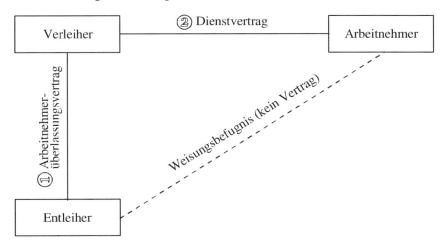

1) Zwischen der Verleihfirma, die im Besitz einer entsprechenden Genehmigung sein muss, und dem Entleiher wird ein Arbeitnehmerüberlassungsvertrag begründet, in dem die Rechte und Pflichten beider Vertragspartner schriftlich fixiert werden.

2) Zwischen der Verleihfirma und dem Zeitarbeitnehmer wird ein Dienstvertrag abgeschlossen, in dem sich die Verleihfirma zur Einhaltung ihrer Arbeitgeberpflichten bekennt und sich der Zeitarbeitnehmer verpflichtet, bei Auftraggebern der Verleihfirma zeitlich begrenzt zu arbeiten.

Zeitarbeitsunternehmen sind ein wichtiger Faktor zur Entlastung des Arbeitsmarktes. Nicht nur große Unternehmen, auch Klein- und Mittelbetriebe nutzen die Vorteile dieser Dienstleistung. Die beschäftigten Arbeitnehmer können auf Dauer oder vorübergehend ihre beruflichen Ziele verwirklichen.

Vorteile der Arbeitnehmerüberlassung

Verleiher	Entleiher	Arbeitnehmer
Erreichen der Unternehmensziele (Sach- und Formalziele)	- Überbrückung kurz- und mittelfristiger Engpässe durch Personalausfälle - Übernahme von Zusatzaufträgen - Reduzierung der eigenen Personalreserve - Vorübergehende Beschäftigung von Spezialisten und Fachkräften für Innovationen, neue Produkte oder Testläufe - Entlastung von Personalbeschaffungs- und -verwaltungskosten - Kein Risiko der Fehlentscheidung (im Gegensatz zur Alternative: befristete Einstellung)	- Mehr Individualität und Wahlfreiheit im Arbeitsleben - Stärkung der eigenen Flexibilität durch Veränderung (andere Branchen, andere Organisationsstrukturen, andere Techniken, andere Menschen) - Möglichkeit des Einstiegs oder Wiedereinstiegs in den Beruf • nach der Ausbildung • nach dem Studium • nach einer Familienphase • nach einer längeren Krankheit • nach der Arbeitslosigkeit - Orientierung auf dem Arbeitsmarkt

3.2.1.6 Stellengesuche

Arbeitssuchende oder wechselwillige Inserenten ergreifen selbst die Initiative, einen Arbeitsplatz zu finden.

Das Auswerten von Eigeninseraten der Bewerber ist eine kostengünstige Möglichkeit, geeignete Mitarbeiter zu finden. In vielen Unternehmen wird von diesem Weg – wahrscheinlich wegen des zeitlichen Aufwandes – wenig Gebrauch gemacht.

3.2.1.7 Unaufgeforderte Bewerbungen

Je nach Arbeitsmarktlage gehen mehr oder weniger unaufgeforderte Bewerbungen ein.

Das kann für die Unternehmen eine erhebliche Belastung sein. Oft ist entweder gar keine oder keine passende Stelle zu besetzen.

Es kann auch sein, dass zwar zurzeit keine Vakanz besteht, eine spätere Einsatzmöglichkeit aber durchaus denkbar wäre. In diesen Fällen ist die Aufnahme in eine Bewerberkartei bzw. -datei empfehlenswert.

3.3 Personalauswahl

Ziel der Personalauswahl ist es, den geeigneten Bewerber für einen vakanten Arbeitsplatz zu finden. Im Idealfall stimmen Anforderungen und Eignung überein. In der Realität jedoch ist die vollkommene Übereinstimmung kaum gegeben. Daher gilt es, Über- und Unterforderung des zukünftigen Mitarbeiters so gering wie möglich zu halten.

3.3.1 Grundsätze

Aus dem Ziel, die optimale Auswahl zu treffen, sind folgende Grundsätze abzuleiten:

1. Ermittlung der genauen Anforderungen des Arbeitsplatzes, sie ergeben sich aus
   a) der Stellenbeschreibung
   b) dem Anforderungsprofil
2. Analyse der Struktur und der Verhaltensweisen der Arbeitsgruppe
3. Feststellung der Wünsche und Erwartungen des Vorgesetzten
4. Beachtung der Verhältnismäßigkeit von „Anforderungsprofil" und „Eignungsprofil"

5. Einsatz von angemessenen Auswahlverfahren
6. Beurteilung auf der Basis objektiver Maßstäbe

3.3.2 Auswahlrichtlinien

Eine Unternehmung kann Richtlinien für die Bewerberauswahl festlegen:

a) *Allgemeine Richtlinien*
   Beispiel: Bei gleicher Eignung werden interne Bewerber bevorzugt.
b) *Voraussetzungen für bestimmte Tätigkeiten*
   Beispiel: Für die Ausbildung zum Industriekaufmann wird das Abitur vorausgesetzt.

Diese Richtlinien bedürfen der Zustimmung des Betriebsrates. In Betrieben mit mehr als 500 Arbeitnehmern kann er die Aufstellung von Richtlinien verlangen.

§ 95 Betriebsverfassungsgesetz

„(1) Richtlinien über die personelle Auswahl bei Einstellungen, Versetzungen, Umgruppierungen und Kündigungen bedürfen der Zustimmung des Betriebsrats."

„(2) In Betrieben mit mehr als 500 Arbeitnehmern kann der Betriebsrat die Aufstellung von Richtlinien über die bei Maßnahmen des Absatzes 1 Satz 1 zu beachtenden fachlichen und persönlichen Voraussetzungen und sozialen Gesichtspunkte verlangen."

Fachliche Voraussetzungen	Persönliche Voraussetzungen/ Soziale Gesichtspunkte
– Schulbildung	– Gesundheit
– Studium	– Belastbarkeit
– Abgelegte Prüfungen	– Dauer der Betriebszugehörigkeit
– Berufsausbildung	– Bevorzugung interner Bewerber
– Berufserfahrung	
– Projekterfahrung	
– Besondere Fertigkeiten und Kenntnisse	

3.3.3 Auswahlverfahren

Zu den Grundsätzen der Personalauswahl gehört es, angemessene Auswahlverfahren einzusetzen. Abhängig von der jeweiligen Zielgruppe werden unterschiedliche Auswahlpakete zusammengestellt.

Zunächst ist zu unterscheiden, ob es sich um interne oder externe Bewerber handelt. Vom internen Bewerber wird erwartet, dass er ein kurzes Anschreiben an die Personalabteilung richtet. Die sonst üblichen Bewerbungsunterlagen befinden sich in der Personalakte. Das „interne" Vorstellungsgespräch hat eine andere Bedeutung und einen anderen Verlauf als bei einem externen Bewerber.

Mögliche Auswahlverfahren:

- *Analyse und Bewertung von Bewerbungsunterlagen*
- Prüfung von Referenzen
- Beurteilung von Arbeitsproben
- *Vorstellungsgespräche*
- Gruppengespräche
- *Assessment-Center*
- Testverfahren
- Graphologische Gutachten
- Ärztliche Untersuchung

3.3.3.1 Analyse und Bewertung von Bewerbungsunterlagen

Die vom Bewerber eingesandten Unterlagen sind die Grundlage für die Entscheidung, ob er zu einem Gespräch eingeladen wird.

Es ist unbedingt darauf zu achten, dass die Analyse und Bewertung berufs- und positionsbezogen erfolgt. Von einem Bewerber für eine sehr einfache Tätigkeit kann man keine perfekte schriftliche Bewerbung erwarten. Dagegen kann die Bewerbung einer Sekretärin oder einer Führungskraft wie eine Arbeitsprobe gewertet werden.

Bewertungskriterien:

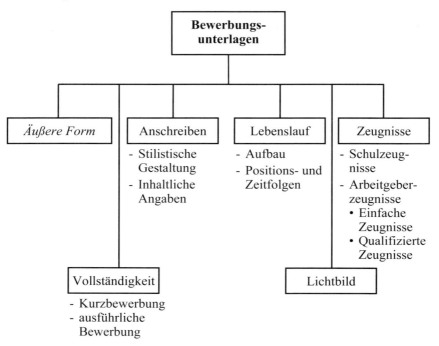

a) **Äußere Form**

Die Bewerbung sollte sauber, ordentlich und in logischer Reihenfolge geordnet sein. Lange Zeit galt es als sehr korrekt, die Unterlagen in einen Schnellhefter und die einzelnen Blätter in Klarsichthüllen einzulegen. Diese Ansicht wird nicht mehr unbedingt vertreten (Umwelt, Kosten).

b) **Vollständigkeit**

b1) **Kurzbewerbung**

  Bestandteile: – Anschreiben
          – Lebenslauf

b2) **Ausführliche Bewerbung**

Muss-Bestandteile:
- Anschreiben
- Lebenslauf
- Zeugnisse
- Lichtbild

Kann-Bestandteile:
- Zertifikate (Nachweis besonderer Fertigkeiten und Kenntnisse)
- Arbeitsproben (zum Beispiel von Autoren oder Grafikern)

c) **Anschreiben**

c1) **Stilistische Gestaltung**
Bei der Analyse des Bewerbungsschreibens sind folgende Fragen zu beantworten und je nach ausgeschriebener Position auszuwerten:
- Ist der Stil eher konservativ oder dynamisch?
- Hat der Verfasser den modernen Mitteilungsstil angewandt?
- Wie stellt er sich selbst dar?
- Gibt er sich zurückhaltend und zu bescheiden?
- Zeigt er sich sehr selbstbewusst, eventuell zu selbstbewusst?

c2) **Inhaltliche Gestaltung**
Mindestangaben, die das Anschreiben enthalten sollte, sind:
- Anlass für die Bewerbung
  - Initiativbewerbung
  - Bezug zu einer Ausschreibung
  - Kontakt über Vermittler (Agentur für Arbeit, privater Arbeitsvermittler)
- Grund für den Stellenwechsel
- Ziele und Erwartungen in Verbindung mit dem neuen Arbeitsplatz
- Eintrittstermin

Ergänzende Angaben zum Lebenslauf als Bestandteil des Anschreibens können für die Analyse von Bedeutung und damit eine Entscheidungshilfe sein. Beispiele:
- Während meiner Abwesenheit wird meine fünfjährige Tochter von meiner Mutter betreut.
- Da ich sehr mobil bin, kommt auch der Einsatz an einem anderen Standort infrage.

Angaben zu den Gehaltsvorstellungen werden von den Bewerbern oft nicht gemacht, weil sie befürchten, sich durch zu hohe oder zu niedrige Angaben zu sehr einzuengen. Es ist daher akzeptabel, wenn sie dazu entweder gar keine Angaben machen oder anmerken: „Über das Gehalt möchte ich mich gerne persönlich mit Ihnen unterhalten."

d) **Lebenslauf**

d1) **Aufbau**

Der Lebenslauf in Aufsatzform gehört der Vergangenheit an.

Der zeitgemäße tabellarische Lebenslauf wird klar und übersichtlich gegliedert.

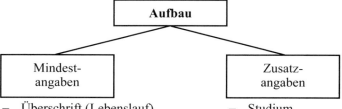

Mindestangaben
- Überschrift (Lebenslauf)
- Angaben zur Person
- Schulischer Werdegang
- Beruflicher Werdegang
- Datum
- Unterschrift

Zusatzangaben
- Studium
- Berufliche Fortbildung
- Besondere Fertigkeiten und Kenntnisse
- Auslandsaufenthalte
- Wehr- oder Ersatzdienst
- Zeiten ohne Beschäftigung

d2) **Positions- und Zeitfolgen**

Zunächst ist zu prüfen, ob der Lebenslauf vollständig ist. Alle wichtigen Stationen müssen durch Zeugnisse belegt sein. Der berufliche Werdegang ist besonders kritisch zu prüfen.

- Gibt es Lücken im Lebenslauf?
- In welchem Alter und wie oft kam es zum Arbeitsplatzwechsel?
  - Handelte es sich um einen Berufs- oder Branchenwechsel?
  - Kam es häufig zu internen Versetzungen?
  - Handelte es sich um einen Auf- oder Abstieg?

Die Bewertung der Antworten auf diese Fragen muss bei jedem Bewerber individuell vorgenommen werden.

e) **Zeugnisse**

e1) **Schulzeugnisse**

Bei Bewerbungen um einen Ausbildungsplatz sind die Schulzeugnisse von besonderer Relevanz. Neben dem Anschreiben bieten sie zunächst die einzige Möglichkeit zur Selektion.

Mit zunehmendem Alter der Bewerber nimmt die Bedeutung der Schulzeugnisse ab. Der Form halber sollten dennoch die wichtigsten Schulabschlusszeugnisse beigefügt werden (Abitur-Zeugnis/Abschlusszeugnis der Handelsschule).

e2) **Arbeitgeberzeugnisse**
Ein Zeugnis ist der schriftliche Nachweis über die von einem Mitarbeiter ausgeübte Tätigkeit und die Dauer seiner Beschäftigung (Einfaches Zeugnis). Es kann sich auch auf seine Leistungen und seine Führung während der Beschäftigungszeit erstrecken (Qualifiziertes Zeugnis).

Einfaches Zeugnis	Qualifiziertes Zeugnis
− Angaben zur Person − Vorname, Name (Geburtsname), Geburtsdatum und -ort	− Angaben zur Person − Vorname, Name (Geburtsname), Geburtsdatum und -ort
− Dauer der Beschäftigung als ...	− Dauer der Beschäftigung als ...
− Inhalt der ausgeübten Tätigkeit (Kurzangabe)	− *Inhalt der ausgeübten Tätigkeit (detaillierte Angaben)*
− Datum	− *Leistungs- und Führungsbeurteilung*
− rechtsverbindliche Unterschriften	− *Grund des Ausscheidens (auf Wunsch des Mitarbeiters)*
	− *eventuell Schlussfloskel (Bedauern, Wünsche, Motivation)*
	− Datum
	− rechtsverbindliche Unterschriften

Hinsichtlich der Wertung von Führung und Leistung bei qualifizierten Zeugnissen hat sich eine Formulierungspraxis durchgesetzt, die auch die Gerichte bei der Überprüfung zugrunde legen.

Beispiele für sehr gute Beurteilungen:

Sehr gute Arbeitsleistungen:
- „Er hat die ihm übertragenen Arbeiten stets zu unserer vollsten Zufriedenheit erledigt."
- „Ihre Leistungen haben in jeder Hinsicht unsere volle Anerkennung gefunden."
- „Wir waren mit ihren Leistungen jederzeit außerordentlich zufrieden."

Sehr gute Führung:
- „Ihre Führung war jederzeit einwandfrei; sie gab uns zu Beanstandungen niemals Anlass."
- „Sie war stets freundlich, dabei aufgeschlossen und anpassungsfähig. Ihr Verhalten gegenüber Ausbildern, Vorgesetzten und Kollegen war immer einwandfrei."

Die Angaben „Zeitfaktor" und „Grad der Zufriedenheit" müssen mit besonderer Sensibilität geprüft werden.

Beispiel:

Notenskala zur Prüfung des Grades der Zufriedenheit:

„Der Arbeitnehmer hat die ihm übertragenen Arbeiten ...① zu unserer ...② Zufriedenheit erledigt."

① Zeitfaktor	② Grad der Zufriedenheit	Note
stets jederzeit immer in jeder Hinsicht	vollsten uneingeschränkten besten	1
während der gesamten Beschäftigungsdauer	vollen	2
—	vollen	3
stets jederzeit	—	3/4
—	—	4
im Großen und Ganzen im Wesentlichen teilweise	—	5

Negative Aussagen werden von den Zeugniserstellern meistens vermieden. Sie wenden die „Kunst des Weglassens" an. Fehlt zum Beispiel bei einem Kassierer der Hinweis, dass er „ehrlich und zuverlässig" war, so kann man davon ausgehen, dass er nicht korrekt gearbeitet hat und es möglicherweise zu unehrlichen Handlungen kam.

Vorsicht: Bei der Bewertung von Zeugnissen im Rahmen der Bewerbungsanalyse ist zu bedenken, dass nicht jeder Verfasser des Textes diesen sogenannten „Zeugnis-Code" kennt.

f) Lichtbild

Das Lichtbild gehört zur vollständigen Bewerbung, obwohl es fragwürdig scheint, aufgrund eines Fotos Intelligenz, Leistung und Charakter zu deuten. Lediglich bei kundenorientierten Positionen sollte das Äußere als Beurteilungsmerkmal herangezogen werden.

Im Übrigen dient das Lichtbild als Unterscheidungskriterium im Bewerbungsverfahren.

3.3.3.2 Personalfragebogen

Viele Unternehmen lassen von den Bewerbern – unabhängig davon, ob die Unterlagen vollständig sind – einen Personalfragebogen ausfüllen.

a) Aufbau und Inhalte

Jede Unternehmung kann den Fragebogen nach eigenen Vorstellungen gestalten. Bei der Festlegung der Inhalte ist jedoch zu beachten
- § 94 Abs. 1 Betriebsverfassungsgesetz
  „Personalfragebogen bedürfen der Zustimmung des Betriebsrates".
- Es dürfen keine unzulässigen Fragen gestellt werden, zum Beispiel nach Religion, Partei- oder Gewerkschaftszugehörigkeit (außer in Tendenzbetrieben).

In der Praxis hat sich der folgende Aufbau bewährt:
- Angaben zur Person
- Schulischer Werdegang
- Beruflicher Werdegang
- Besondere Fertigkeiten und Kenntnisse
- Fragen zum Eintrittstermin, zum jetzigen Gehalt und zu den Gehaltsvorstellungen

b) Zweck
- Der Personalfragebogen ist ein Hilfsmittel während des Auswahlverfahrens. Aufgrund der einheitlichen Reihenfolge der Angaben ist ein besserer Vergleich der Bewerber möglich.

– Bei einer Einstellung wird der Fragebogen in die Personalakte aufgenommen. Später kann dann auf diese Stammdaten zurückgegriffen werden.

3.3.3.3   Auswertungen

a) Bewerbungsauswertebogen

Die Bewerbungsunterlagen werden oft von mehreren Personen in der Personalabteilung und von der Fachabteilung begutachtet. Um den Zeitaufwand so gering wie möglich zu halten, sollte bei der Erstanalyse für jeden interessanten Bewerber ein Bewerbungsauswertebogen erstellt werden.

	**Bewerbungsauswertebogen**						
Stelle:		Name:					
		Vorname:					
		Wohnort:					
		Alter:					
Bewerbungs-unterlagen	Bewertungs-positionen	Bewertung					Besondere Bemerkungen
		1	2	3	4	5	
1. Äußere Form	....						
2. Anschreiben	Inhalt sprachlicher Ausdruck Überzeugungskraft						
3. Lebenslauf	Wechsel .... Lücken						
4. Schul-zeugnisse	....						
5. Arbeits-zeugnisse	Führung Leistung						
6. Lichtbild	....						
Vorläufiges Gesamturteil: Datum, Unterschrift		1 = sehr gut 2 = gut 3 = befriedigend 4 = ausreichend 5 = nicht mehr ausreichend					

Quelle: Hambusch, Rudolf – Personal- und Ausbildungswesen

b) Bewerberübersicht

Um einen Überblick über die Bewerber zu erhalten, die in die engere Wahl kommen, empfiehlt es sich, die relevanten Daten in einer Bewerberübersicht festzuhalten.

Auswahl-kriterien Name, Vorname	Alter	Wohn-ort	Aus-bildung	Stu-dium	besondere Qualfika-tionen	bisherige Tätigkei-ten	Berufs-jahre	Ein-tritts-termin

3.3.3.4 Vorstellungsgespräch
Ziele

Beim Vorstellungsgespräch kommt es zur ersten persönlichen Kontaktaufnahme mit dem Bewerber. Mit der Durchführung sollen folgende *Ziele* erreicht werden:

- Gewinnen eines persönlichen Eindrucks
- Objektivierung der bisherigen Beurteilung, die aufgrund der schriftlichen Unterlagen vorgenommen wurde.
- Vergleich der schriftlichen und mündlichen Aussagen/Klärung eventueller Differenzen.
- Erlangen von zusätzlichen Informationen über den Bewerber
  - Gründe für das Ausscheiden aus früheren Arbeitsverhältnissen
  - Motive für die Bewerbung
  - Erwartungen und Zielvorstellungen des Bewerbers
  - Aktuelle fachliche Qualifikation
- Ermittlung des Grades der Integrationsfähigkeit des Bewerbers
- Darstellung des Unternehmens, der Stelle und der Aufgaben

- Gehaltsverhandlung
- Besprechung weiterer Inhalte des Arbeitsvertrages

Vorbereitung

Um die Ziele zu erreichen und einen reibungslosen Ablauf zu gewährleisten, muss ein Vorstellungsgespräch gut vorbereitet werden. Das betrifft organisatorische Maßnahmen ebenso wie die Vorbereitung auf den inhaltlichen Ablauf.

```
            Vorbereitung des
          Vorstellungsgespräches
           /                  \
  Organisatorisch          Inhaltlich
```

Organisatorisch

- Ausreichend Zeit einplanen für Vorbereitung, Durchführung und Nachbereitung
- Rechtzeitige und informative Einladung
- Information des Empfangs (Pförtner)
- Angemessenen Raum auswählen (keine Schreibtischsituation)
- Störungen ausschalten

Inhaltlich

- Durchführung einer Arbeitsgruppenanalyse
- Abstimmung der Gesprächspartner (Personalabteilung – Fachabteilung)
- Nochmaliges Sichten der Bewerbungsunterlagen
- Bereitstellung des Organisationsplanes und der Stellenbeschreibung
- Erstellen eines Interviewleitfadens
- Einprägung des Anforderungsprofils, der Kompetenzen und der Entwicklungsmöglichkeiten
- Klärung des Gehaltsrahmens
- Vorbereitung auf mögliche Fragen des Bewerbers

Ablauf

Das Vorstellungsgespräch kann in vier Phasen eingeteilt werden.
- Kontaktphase
- Interviewphase
- Präsentationsphase
- Abschlussphase

Die Präsentationsphase – Darstellung des Unternehmens durch die Interviewer – sollte kurz vor der Abschlussphase „Vertragsverhandlung" liegen. So hat der Bewerber vorher Gelegenheit, sich diese Informationen selbst zu erfragen.

Dauer und Redezeiten

Die Gesprächsdauer ist vom Bewerber, der zu besetzenden Position und den Anforderungen abhängig. Im Durchschnitt geht man von einer Stunde aus. Interviewer und Bewerber sollten mindestens den gleichen zeitlichen Anteil am Gespräch haben. Besser ist es, wenn der Redeanteil des Bewerbers höher ist und etwa 60 bis 70 % beträgt. In der Praxis sieht das häufig anders aus. Es kommt vor, dass der Gesprächsanteil der Interviewer bei 80 % liegt.

Phase	Inhalte	Schwerpunkt Redeanteil
Kontaktphase	Begrüßung, Vorstellung, Bemerkungen zur Anfahrt	wechselseitig
Interviewphase	Bildungsgang, Beruf, persönliche Situation des Bewerbers	Bewerber (Interviewer stellen Fragen)
Präsentationsphase	Darstellung des Unternehmens, der Stelle und der Aufgaben	Interviewer antworten auf Fragen des Bewerbers
Abschlussphase	Vertragsverhandlung, Verabschiedung	wechselseitig

Mit gezielten Fragen kann der Ablauf des Interviews gesteuert werden. Offene Fragen (W-Fragen) lassen den Bewerber aktiv werden und schaffen ein angenehmes Gesprächsklima. Geschlossene Fragen sollten nur gezielt eingesetzt werden, zum Beispiel „Haben Sie Kinder?". Zu vermeiden sind geschlossene Fragen, die aus der Logik des Bewerbers heraus nur eine Antwort zulassen, zum Beispiel „Arbeiten Sie gerne im Team?". Besser ist es, Umwegfragen zu stellen.

Beispiele:

1. Fragen zur Berufserfahrung und zu beruflichen Zielen
   - Wie haben sich Ihre ursprünglichen Erwartungen im Beruf erfüllt?
   - Was hat Ihnen bei Ihrer letzten Tätigkeit am meisten und was hat Ihnen am wenigsten gefallen?
   - Welche Kenntnisse (Fertigkeiten) waren für Sie (Ihre bisherigen Arbeitgeber) besonders wichtig?

- Worin sehen Sie den Hauptgrund für berufliches Fortkommen?
- Was ist für Sie bei einer neuen Stelle besonders wichtig?
- Was möchten Sie beruflich in den nächsten fünf (zehn) Jahren erreicht haben?
- Welche Weiterbildungsmaßnahmen sind für Sie von Bedeutung?

2. Fragen zur Leistungsbereitschaft und Belastbarkeit
   - Schildern Sie eine Situation, in der Sie einer besonderen (extremen) Belastung ausgesetzt waren.
   - Was konkret verstehen Sie unter Leistungsbereitschaft?
   - Bei uns kann ein pünktlicher Feierabend nicht garantiert werden. Wie können Sie das mit Ihren Freizeitaktivitäten (Familie, Hobbys) verbinden?

3. Fragen zur Teamfähigkeit
   - Was hat Ihnen im Rahmen Ihrer letzten Tätigkeit in Bezug auf Teamarbeit gut beziehungsweise nicht gut gefallen?
   - Wie gehen Sie mit Kritik des Vorgesetzten (der Kollegen) an Ihrer Person um?
   - Unter welchen Bedingungen würden Sie Aufgaben übernehmen, die nicht Gegenstand Ihrer Stellenbeschreibung sind?

4. Fragen zur Selbsteinschätzung und Motivation
   - Wie reagieren Sie in unangenehmen Situationen?
   - Warum können Sie von sich behaupten, ausgeglichen zu sein?
   - Was qualifiziert Sie Ihrer Meinung nach für diese Stelle?
   - Was meinten Sie eben mit der Bemerkung, Sie seien mit Ihrer jetzigen Arbeit unzufrieden?

5. Fragen zum Sozialverhalten
   - Der Kunde ist König. Was halten Sie von diesem Satz?
   - Jemand der kommunikativ (kundenfreundlich) ist, verhält sich Ihrer Meinung nach wie?
   - Welcher Art waren die Spannungen, die Sie mit Ihrem Vorgesetzten hatten?
   - Was verstehen Sie darunter, wenn Sie sagen, Ihnen liegt der Umgang mit Menschen?

6. Fragen zur Flexibilität und Kreativität
   - Wann und wie haben Sie zuletzt Ihre Flexibilität unter Beweis gestellt?
   - Wann und wie mussten Sie sich auf neue Situationen einstellen?
   - Beschreiben Sie, wie Sie neue Ideen realisieren?
   - Ein Kollege hat die Einstellung „Das haben wir schon immer so gemacht." Wie bewegen Sie ihn, Änderungen vorzunehmen?

Auswertung

- Umgangsformen
- Äußere Erscheinung (Kleidung, Gepflegtheit)
- Auftreten
  • Ausgeglichenheit
  • Selbstsicherheit
  • Nervosität
- Sprachverhalten
  • Ausdruck
  • Sprechweise
  • Gedankenführung
  • Wortschatz

- Einstellung zum Beruf und zur Entwicklung
- Interesse für das Unternehmen, die Stelle und die Aufgabe
- Persönliche und fachliche Voraussetzungen

- Familienverhältnisse
- Urteile über
  • frühere Arbeitgeber
  • frühere Vorgesetzte
  • frühere Kollegen
- Hobbys, Freizeitverhalten, Gruppen

3.3.3.5 Assessment-Center

Assessment-Center (AC) werden einerseits im Rahmen der Personalentwicklung (Förderung von Führungskräften) eingesetzt. Andererseits handelt es sich um ein Ausleseverfahren bei der Einstellung von Führungs- und Führungsnachwuchskräften, mit dem eine bessere Beurteilung der Bewerber erreicht werden soll.

Mit den traditionellen Methoden der Eignungsdiagnostik wird nur ein Ausschnitt aus dem Fähigkeits- und Verhaltensrepertoire der Bewerber sichtbar.

Wünschenswert ist jedoch, ein möglichst umfassendes Bild vom Bewerber zu erhalten. Es soll ermittelt werden, wie er sich in zukünftigen Situationen am vorgesehenen Arbeitsplatz und in der neuen Arbeitsumgebung verhalten würde. Das kann weitgehend mit der Assessment-Center-Methode erreicht werden.

Das AC ist im Grunde genommen eine auf wenige Tage „komprimierte Probezeit". Die Teilnehmer durchlaufen in einem mehrtägigen Seminar eine Reihe von Übungen, in denen Sie Aufgaben zu bewältigen haben, die für die Zielposition und für das auswählende Unternehmen typisch sind. Bei der Bearbeitung werden sie von mehreren Beobachtern begutachtet.

Ablauf

– Mehrtägiges Verfahren (3 bis 4 Tage)
– In der Regel außerhalb der Unternehmung (Hotel, Bildungszentrum, Akademie)
– 4 bis 8 Teilnehmer
– 2 bis 4 Beobachter
– Beobachter: Führungskräfte des Unternehmens und externe Beobachter, mindestens 1 Psychologe
– Verschiedene Spiel- und Testsituationen
– Auswertung: • Die Beobachter werten zunächst einzeln aus.
  • Die Beobachter bleiben nach dem Assessment-Center noch 1 bis 2 Tage zusammen, um die Auswertung abzustimmen.
– Jeder Teilnehmer erhält Rückkopplung

Inhalte

– Einzel- und Gruppeninterviews
  • über die Erwartungshaltungen zu beruflichen und sozialen Zielen
– Führerlose Gruppendiskussionen
  • mit oder ohne Rollenverteilung
– Postkorbübungen
  • in einer vorgegebenen Zeit müssen Vorgänge bearbeitet werden
– Rollenspiele
  • zu praxisnahen Situationen
– Kenntnis- und Fähigkeitstests
  • standardisiert oder unternehmensspezifisch
– Gutachten
  • mündliche oder schriftliche Stellungnahmen zu vorgegebenen Problemen

- Unternehmensplanspiele und Fallstudien
  - im Hinblick auf mögliche Situationen in der betrieblichen Praxis
- Präsentationen und Vorträge
  - zu aktuellen unternehmerischen oder gesellschaftlichen Themen

Auswahlkriterien

Die Beobachter nehmen ihre Auswertung im Hinblick auf bestimmte Kriterien vor, zum Beispiel:

- Führungsbefähigung und -stil
- Planung, Organisation
- Kooperationsfähigkeit und Akzeptanz
- Flexibilität
- Entscheidungs- und Durchsetzungsfähigkeit
- Kreativität
- Soziales Verhalten
- Kommunikationsfähigkeit
- Stressstabilität

Im Einzelfall werden besondere Kriterien vereinbart, die für die Position relevant sind.

Bedeutung

Trotz der hohen Treffsicherheit findet die AC-Methode im Rahmen der Personalauswahl nur begrenzt Anwendung.

AC-Methode	
Vorteile	Nachteile
– Teilnehmer können sich nicht über mehrere Tage verstellen – Besserer Vergleich – Objektivität durch verschiedene Beobachter bei unterschiedlichen Übungen – Übungen beziehen sich auf das auswählende Unternehmen – Zukünftig mögliche Situationen werden simuliert	– Hoher zeitlicher und materieller Aufwand • Freistellung der internen Beobachter • Schulung der internen Beobachter • Honorare der externen Beobachter • Bereitstellung des Schulungsmaterials • Hotel- und Bewirtungskosten

4 Neue Mitarbeiter

4.1 Bedeutung der Einführung

Der sorgfältigen Bewerberauswahl muss eine systematische Einführung neuer Mitarbeiter folgen. Die Anwerbung und Einstellung ist in der Regel mit erheblichen Kosten verbunden. Es ist daher für ein Unternehmen unerlässlich, planmäßig Voraussetzungen zu schaffen, die in angemessener Zeit eine hinreichende Integration des Mitarbeiters gewährleisten.

Es muss sichergestellt sein, dass der Mitarbeiter in seiner speziellen Situation schnell zu selbständiger und sicherer Abwicklung seiner Aufgaben findet. Häufig ist eine Fluktuation in den ersten Monaten der Firmenzugehörigkeit auf mangelnde Betreuung zurückzuführen. Neben den negativen Einflüssen auf das Betriebsklima entstehen vermeidbare Kosten. Der ganze Prozess des Personalauswahlverfahrens muss neu in Gang gesetzt werden. Systematische Einarbeitung dagegen wird die Fluktuation qualifizierter neuer Mitarbeiter vermeiden helfen.

Für die Einführung lassen sich keine allgemein gültigen Regeln aufstellen.

Gründe:

- Unterschiedliche Branchen
- Verschiedene Unternehmen
  - Größe
  - Produkte
  - Struktur
  - Arbeitsprozesse
- Verschiedene Arbeitnehmergruppen
- Unterschiedliche Aufgaben

4.2 Maßnahmen und Verfahren

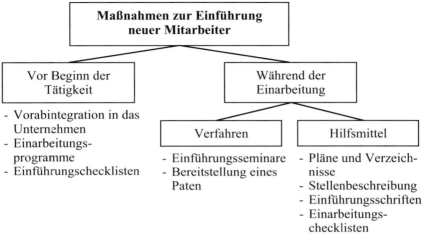

Vorabintegration in das Unternehmen

Um den neuen Mitarbeiter schon im Vorfeld am Unternehmensgeschehen teilhaben zu lassen, empfiehlt es sich, ihn möglichst frühzeitig einzubeziehen.

Möglichkeiten:

– Einladung zur Weihnachtsfeier, zum Tag der offenen Tür, zum Firmenjubiläum, zum Betriebsausflug
– Zusendung der Hauszeitschrift und der allgemeinen Mitteilungen an die Mitarbeiter
– Gratulation zum Geburtstag

Einarbeitungsprogramme

Je nach Anforderungen des Arbeitsplatzes können die ersten Wochen und Monate der Einarbeitung aus einer Aneinanderreihung von Lernprozessen bestehen.

Die Einsatzorte und -betreuer sollten dann – wie in einem Ausbildungs- oder Traineeprogramm – in einem Ablaufplan festgehalten werden.

Beispiel:

	Oktober 2___	November 2___	Dezember 2___
Einsatzort →	Personalverwaltung	Personalentwicklung	Lohn- und Gehaltsabrechnung
Betreuer →	Marco Breuer	Ute Kronenberg	Petra Schneider

Einführungschecklisten

Einführungschecklisten sind Konzepte, die alle notwendigen Maßnahmen enthalten, die während der Einführungszeit eines neuen Mitarbeiters erforderlich sind.

Beispiel:

− Vorbereitung auf den neuen Mitarbeiter
  • Information der Arbeitsgruppe
  • Information anderer Kontaktpersonen
− Vorabintegration des neuen Mitarbeiters
− Vorbereitung des Arbeitsplatzes

− Begrüßung und Vorstellung
  • Vorgesetzte
  • Kollegen
− Vorstellung bestimmter Personen und Einrichtungen
  • Betriebsrat
  • Sicherheitsbeauftragter
  • Sozialstation
  • Kantine
− Abwicklung der Formalitäten
  • Lohnsteuerkarte
  • Meldungen an Sozialversicherungsträger
− Informationen über das Unternehmen
  • Ziele
  • Aufbau- und Ablauforganisation
  • Produkte
  • Projekte
− Einführung in die Arbeitsaufgaben
  • Stellenbeschreibung
  • Checklisten
− Hilfe bei der Einarbeitung
  • Einarbeitungsprogramme
  • Betreuer
  • Pate

− Kontrolle des Einarbeitungsfortschritts

Einführungsseminare

Große Unternehmen, die in einem bestimmten Zeitraum – zum Beispiel in einem Monat – einige Mitarbeiter einstellen, führen oft Einführungsseminare durch. Ab 8 bis 10 Neueinstellungen lohnt sich die Durchführung eines solchen Seminars.

Die Informationen über das Unternehmen können dann zeit- und kostengünstig für alle gleichzeitig gegeben werden. Zusätzlich können Betriebsbesichtigungen, gemeinsame Mahlzeiten und Diskussionen angeboten werden.

Beispiel für den Ablauf eines eintägigen Einführungsseminars:

Thema:	Kontaktpersonen/Referenten:
– Begrüßung durch die Geschäftsführung	Dr. Peter Habermann – Geschäftsführer –
– Informationen über die Entwicklung des Unternehmens	Erika Klein – Assistentin der Geschäftsführung –
– Das Unternehmen heute • Ziele • Produkte • Struktur • Marktstellung	Rolf Kern – Referent für Öffentlichkeitsarbeit –
– Der Betriebsrat stellt sich vor	Klaus Hambach – Vorsitzender des Betriebsrates –
– Hinweise zur allgemeinen Ablauforganisation	Renate Kurtz – Personalassistentin –
Gemeinsames Mittagessen im Gästekasino	Jürgen Kramer Renate Kurtz – Personalleiter – – Personalassistentin –
– Rundgang durch die Produktions- und Betriebsstätten	Ulf Schneider – Technischer Leiter –
– Abschlussdiskussion	Jürgen Kramer – Personalleiter –

Bereitstellung eines Paten

Viele Unternehmen gehen dazu über, für die Einarbeitungsphase einen Paten zu bestellen. Dieser übernimmt die persönliche und fachliche Betreuung des neuen Mitarbeiters.

So funktioniert das Patensystem:

Der Pate

- ist ein Mitarbeiter mit gleichen oder ähnlichen Aufgaben
- befindet sich in räumlicher Nähe
- ist ständige Kontakt- und Vertrauensperson
- informiert über alle geschriebenen und ungeschriebenen Regelungen des Unternehmens
- übernimmt die fachliche Einweisung
- verringert die Patenaufgaben mit zunehmender Sicherheit des neuen Mitarbeiters

Das Patensystem schließt andere Einarbeitungsmaßnahmen nicht aus, sondern ist eine sinnvolle Ergänzung.

Hilfsmittel

Um dem neuen Mitarbeiter die Orientierung zu erleichtern, sollte er über *Pläne und Verzeichnisse* verfügen können.

Beispiele: Organisationsplan, Telefonverzeichnis, Pläne über die Anordnung von Gebäuden, von Produktionsstätten, Büros und sozialen Einrichtungen

Sofern die *Stellenbeschreibung* nicht schon im Vorfeld – bei Vertragsabschluss – ausgehändigt wurde, sollte sie spätestens jetzt übergeben werden.

Einführungsschriften enthalten in komprimierter Form die theoretischen Inhalte eines Einführungsseminars und sind daher ein guter Ersatz bzw. eine gute Ergänzung.

Im Rahmen der praktischen Einweisung können *Einarbeitungschecklisten*, die die einzelnen Schritte von Arbeitsabläufen enthalten, eine zweckmäßige Hilfe sein.

4.3 Kontrollgespräche

Neben den informellen Gesprächen, die im Laufe des Tagesgeschehens zwischen dem Vorgesetzten und dem neuen Mitarbeiter geführt werden, sollten systematische Kontrollgespräche vereinbart werden.

Die Anzahl richtet sich nach der Dauer der Probezeit. Bei einer dreimonatigen Probezeit sollten drei Gesprächstermine festgelegt werden.

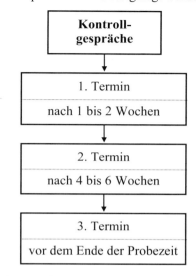

Sinn und Zweck der Gespräche:

Der Vorgesetzte	– erklärt, ob die Leistungen und das Verhalten den Erwartungen entsprechen (beim 3. Termin, ob die Probezeit bestanden wurde)
	– kann Änderungsvorschläge machen
	– kann zur Motivation und Integration beitragen
Der Mitarbeiter	– berichtet, ob der bisherige Verlauf seinen Erwartungen entspricht
	– kann neue Ideen einbringen

Zum Abschluss eines jeden Gesprächs sollten Zielvereinbarungen getroffen werden.

5 Personaleinsatz

Der Personaleinsatz soll so gestaltet werden, dass die wirtschaftlichen und sozialen Interessen der am Leistungsprozess Beteiligten bestmöglich aufeinander abgestimmt werden.

Die Mitarbeiter sollen zum einen optimale Leistungen erbringen und zum anderen zufrieden und motiviert ihre Tätigkeit ausüben. Das setzt voraus, dass sie ihren Fähigkeiten entsprechend in der richtigen Anzahl an der richtigen Stelle eingesetzt werden.

Bei der Einsatzplanung muss die Personalabteilung mit der Abteilung Betriebsorganisation und den anderen Fachabteilungen eng zusammenarbeiten. Dabei gilt es, die für die jeweiligen Planungsabsichten entsprechenden Informationsquellen zu nutzen.

5.1 Informationsquellen

Informationsquellen für die Personaleinsatzplanung

Arbeitsbezogene Informationsquellen

- Qualitative und quantitative Unternehmensziele
- Daten aus den Teilbereichen der Unternehmensplanung
  - Absatzplanung
  - Beschaffungsplanung
  - Produktionsplanung
  - Finanzplanung
- Daten aus den angrenzenden Teilbereichen der Personalplanung
  - Personalbedarfsplanung
  - Personalanpassungsplanung
  - Personalentwicklungsplanung
  - Personalkostenplanung
- Organisationsplan
- Stellenplan
- Stellenbesetzungsplan
- Anforderungsprofile
- Zeitpläne
  - Arbeitszeiten
  - Schichtpläne
  - Urlaubspläne
- Raum- und Maschinenpläne

Personenbezogene Informationsquellen

- Personalakten und Personaldateien
  - Bewerbungsunterlagen
  - Beurteilungen
  - Fortbildungszertifikate
  - Lohn- und Gehaltsgruppen
- Personalstatistiken
  - Struktur
  - Fehlzeiten
  - Fluktuation

5.2 Arbeitszeit

Die wirtschaftliche Situation und die hohe Zahl der Arbeitslosen haben dazu geführt, die Arbeitszeitregelungen für den Standort Deutschland neu zu überdenken.

Die klassische Regelung ist:

- Vollzeit
  - tarifliche Wochenarbeitszeit 37,5 bis 40 Stunden
- Teilzeitarbeit
  - Halbtagsarbeit, die im Allgemeinen von Frauen ausgeübt wird

5.2.1 Neue Arbeitszeitformen

Viele Unternehmen – große und kleine – haben bereits gezeigt, dass flexiblere Arbeitszeiten wirkungsvoll umgesetzt werden können. Ihre Absicht ist es, die eigenen Interessen mit den Zielen und Wünschen der Mitarbeiter in Einklang zu bringen.

Flexible Arbeitszeiten bedeuten in der Regel Arbeitsplatzteilung, führen zu mehr Beschäftigung und damit zu einer Entlastung des Arbeitsmarktes. Sie tragen zum positiven Image eines modernen, zukunftsorientierten Unternehmens bei.

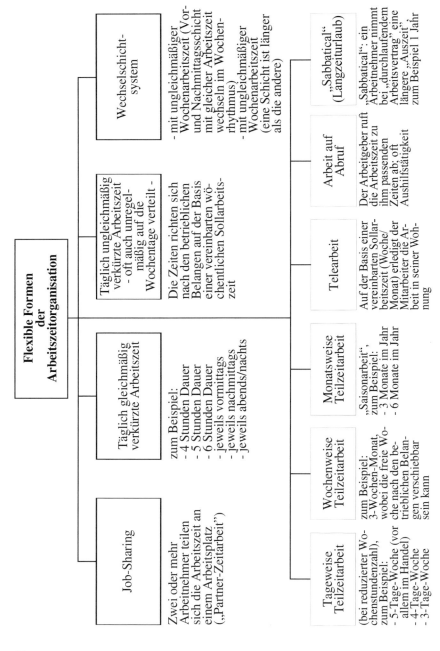

5.2.1.1 Betriebswirtschaftliche Aspekte der flexiblen Arbeitszeit

Nutzen und Kostenvorteile bei entsprechenden betrieblichen Maßnahmen:

- Die Maschinen und Anlagen können länger laufen und produzieren.
- Durch längere Betriebszeiten (Wechselschichtbetrieb) lassen sich Fixkosten senken.
- Unproduktive Phasen der Mitarbeiter werden vermieden oder verringert.
- Teure Mehrarbeit kann entfallen oder verringert werden.
- Fehlzeiten von Mitarbeitern (Urlaub, Krankheit usw.) können besser ausgeglichen werden.
- Die Vertretungsprobleme der Mitarbeiter untereinander lassen sich leichter lösen.
- Flexible Mitarbeiter verursachen weniger Kurzfehlzeiten durch Arztbesuche, Behördengänge usw. Es kommt zu weniger krankheitsbedingten Ausfällen.
- Produktions- und Auftragsschwankungen lassen sich leichter ausgleichen.
- Mitarbeiter müssen außerhalb von „Stoßzeiten" nicht mehr mit „Füllarbeiten" beschäftigt werden.
- Hohe Lagerbestände lassen sich leichter vermeiden oder abbauen.
- Höhere Produktivität und bessere Arbeitsqualität (weniger Ausschuss oder Nacharbeit).
- Mitarbeiter, die mit ihrer Arbeitszeitregelung zufrieden sind, sind motivierter.
- Die Mitarbeiter-Fluktuation wird geringer, das Betriebsklima häufig besser. Die Fluktuationskosten – Personalsuche, Einarbeitung, Qualifizierung usw. – sinken entsprechend.
- Fort- und Weiterbildung ist ohne Engpässe bei der Arbeitsplatzbesetzung einfacher zu organisieren.
- Oft lassen sich mit Teilzeitangeboten leichter neue Mitarbeiter finden.
- Das Unternehmen gewinnt an Ansehen, weil es sich durch die Einführung von attraktiven Arbeitszeitformen als fortschrittlich erweist.

Bei der Abwägung, ob flexible Arbeitszeiten grundsätzlich richtig und praktikabel sind, müssen auch die möglichen Nachteile analysiert werden.

Konsequenzen:
- Oft ist es schwierig, ergänzende Partner für die unattraktiven Zeiten zu finden.
- Die kopfzahlbezogenen Kosten steigen (Anwerbung, Einarbeitung, Verwaltung).
- Mehr Mitarbeiter erfordern mehr Aufwand für die Personalbetreuung.
- Unter Umständen werden mehr Kantinenplätze, mehr Parkplätze, mehr Garderobenschränke, mehr Berufskleidung, Schutzkleidung, Schutzhelme und Ähnliches gebraucht.
- Die Personalnebenkosten steigen, wenn kopfzahlbezogene betriebliche Leistungen für mehr Mitarbeiter erbracht werden müssen (zum Beispiel Fahrtkostenzuschüsse).
- Anlauf- und Rüstzeiten sind für Teilzeitkräfte – gemessen an der kürzeren Arbeitszeit – relativ länger.
- Oft entsteht durch eine höhere Zahl von Mitarbeitern Mehraufwand für Vorbereitung, Planung und Organisation der Arbeitsabläufe.
- Bei einigen – besonders qualifizierten – Berufen ist ständige Fortbildung notwendig; das verursacht bei zwei Teilzeitkräften höhere Kosten als bei einer Vollzeitkraft.

5.3 Einsatz besonderer Arbeitnehmergruppen

Die Einsatzmöglichkeiten bestimmter Personengruppen werden durch gesetzliche Vorschriften oder durch personenbedingte Gegebenheiten eingeschränkt.

5.3.1 Jugendliche und Auszubildende

Jugendliche

Bei der Beschäftigung von jugendlichen Arbeitnehmern und jugendlichen Auszubildenden ist darauf zu achten, dass die Arbeits- bzw. Ausbildungsplätze dem besonderen Schutzbedürfnis dieser Personengruppe entsprechen und ihre Integration in das Berufsleben fördern.

Jugendliche sind laut *Jugendarbeitsschutzgesetz* alle diejenigen, die 15, aber noch nicht 18 Jahre alt sind. Bei der Beschäftigung von Jugendlichen sind insbesondere folgende Bestimmungen zu beachten:

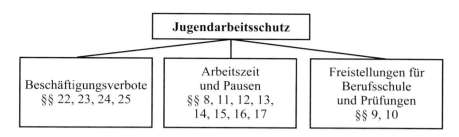

a) **Beschäftigungsverbote und -beschränkungen**

Jugendliche dürfen nicht mit Arbeiten beschäftigt werden,
- die ihre physische und psychische Leistungsfähigkeit übersteigen,
- bei denen sie sittlichen Gefahren ausgesetzt sind,
- die mit besonderen Unfallgefahren verbunden sind,
- bei denen ihre Gesundheit durch außergewöhnliche Hitze oder Kälte oder starke Nässe gefährdet wird,
- bei denen sie schädlichen Einwirkungen von Lärm, Erschütterungen oder Strahlen ausgesetzt sind,
- die im Akkord oder unter Tage erledigt werden.

Jugendliche dürfen nicht durch Personen beschäftigt werden,
- die wegen bestimmter Straftaten verurteilt wurden.

b) **Arbeitszeit und Pausen**

Arbeitszeit

Jugendliche dürfen nicht mehr als 8 Stunden täglich und nicht mehr als 40 Stunden wöchentlich beschäftigt werden. Die tägliche Freizeit muss mindestens 12 Stunden betragen. Bei einer 5-Tage-Woche dürfen sie nur in der Zeit von 6 bis 20 Uhr arbeiten.

An Samstagen und Sonntagen dürfen Jugendliche nicht beschäftigt werden. Für bestimmte Unternehmen – zum Beispiel für Bäckereien, für landwirtschaftliche Betriebe und für das Hotel- und Gaststättengewerbe – gibt es Ausnahmeregelungen.

Pausen

Jugendlichen müssen im Voraus feststehende Ruhepausen von angemessener Dauer gewährt werden. Die Ruhepausen müssen mindestens betragen:

    Bei 4,5 bis 6 Stunden Arbeitszeit ⟶ 30 Minuten

    Bei mehr als 6 Stunden Arbeitszeit ⟶ 60 Minuten

    Eine Pause muss mindestens 15 Minuten andauern.

Die Ruhepausen müssen in angemessener zeitlicher Lage gewährt werden, frühestens eine Stunde nach Beginn und spätestens eine Stunde vor Ende der Arbeitszeit. Länger als viereinhalb Stunden hintereinander dürfen Jugendliche nicht ohne Ruhepause beschäftigt werden.

c) Freistellungen für Berufsschule und Prüfungen

Berufsschule

Der Arbeitgeber hat die Jugendlichen für die Teilnahme am Berufsschulunterricht freizustellen. Er darf sie nicht beschäftigen

- vor einem vor 9 Uhr beginnenden Unterricht, dies gilt auch für Personen, die über 18 Jahre alt und noch berufsschulpflichtig sind,
- an einem Berufsschultag mit mehr als fünf Unterrichtsstunden von mindestens je 45 Minuten, einmal in der Woche,
- in Berufsschulwochen mit einem planmäßigen Blockunterricht von mindestens 25 Stunden an mindestens 5 Tagen; zusätzliche betriebliche Ausbildungsveranstaltungen bis zu zwei Stunden wöchentlich sind zulässig.

Prüfungen

Die Jugendlichen sind freizustellen, wenn diese an Prüfungen und Ausbildungsmaßnahmen außerhalb der Ausbildungsstätte teilnehmen. Dazu gehören aber nur Prüfungen und Ausbildungsmaßnahmen, die sich auf Grund öffentlich-rechtlicher oder vertraglicher Bestimmungen, zum Beispiel aus dem Berufsausbildungsvertrag, ergeben. Eine Freistellung muss auch für den Arbeitstag erfolgen, der dem ersten Tag der schriftlichen Abschlussprüfung unmittelbar vorangeht. Die Freistellungszeiten werden auf die Arbeits- bzw. Ausbildungszeiten angerechnet.

Die Freistellung von volljährigen Auszubildenden für die Teilnahme am Berufsschulunterricht, an Prüfungen und an Ausbildungsmaßnahmen außerhalb der Ausbildungsstätte ist im Berufsbildungsgesetz geregelt.

Auszubildende

Ziele der Ausbildung

Wer ausbilden will, muss das *Berufsbildungsgesetz* beachten. Für die Unternehmen – die Ausbildenden – sind grundlegende Vorschriften erlassen worden. Sie tragen die Gesamtverantwortung, allerdings können sie Planung, Organisation, Durchführung und Kontrolle der Ausbildung an persönlich und fachlich geeignete Mitarbeiter übertragen.

Nach § 14 des Berufsbildungsgesetzes hat der Ausbildende dafür zu sorgen, dass

- den Auszubildenden die berufliche Handlungsfähigkeit vermittelt wird, die zum Erreichen des Ausbildungszieles erforderlich ist, und
- die Berufsausbildung in einer durch ihren Zweck gebotenen Form planmäßig, zeitlich und sachlich gegliedert so durchgeführt wird, dass das Ausbildungsziel in der vorgesehenen Ausbildungszeit erreicht werden kann.

Ziele der Ausbildung müssen daher in erster Linie die nach dem Berufsbild vorgeschriebenen Ziele sein. Das schließt aber nicht aus, dass unternehmensspezifische Ziele in angemessenem Umfang mit berücksichtigt werden können.

Es gibt also vorgeschriebene Mindestanforderungen, die erfüllt werden müssen, damit bundesweit ein einheitlicher Berufsabschluss vorausgesetzt werden kann, der die Mobilität und Flexibilität auf dem Arbeitsmarkt sicherstellt.

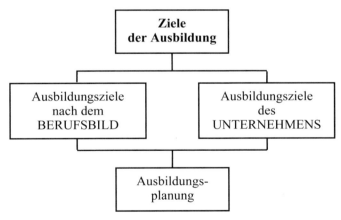

Einstellen und Ausbilden

Bevor ein Ausbildungsverhältnis begründet wird, muss sichergestellt sein, dass die Berechtigung zum Einstellen und Ausbilden gegeben ist.

Bei der Einstellung schließt der Ausbildende mit dem Auszubildenden einen Berufsausbildungsvertrag ab. Die Berechtigung dazu setzt voraus, dass die
- persönliche Eignung des Ausbildenden (§ 28 BBiG) und
- die Eignung der Ausbildungsstätte (§ 27 BBiG) gegeben sind.

Eignung der Ausbildungsstätte

Die Ausbildungsstätte muss geeignet sein, um das notwendige Wissen und Können zu vermitteln, das eine spätere Berufsausübung gewährleistet. Auch unter diesen Gesichtspunkten müssen fachliche und personelle Voraussetzungen gegeben sein.

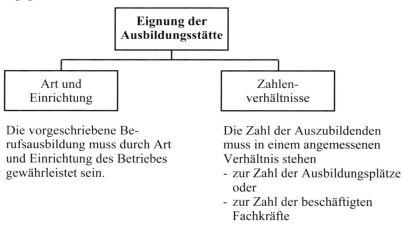

Eignung der Ausbildungsstätte	
Art und Einrichtung	Zahlenverhältnisse
Die vorgeschriebene Berufsausbildung muss durch Art und Einrichtung des Betriebes gewährleistet sein.	Die Zahl der Auszubildenden muss in einem angemessenen Verhältnis stehen - zur Zahl der Ausbildungsplätze oder - zur Zahl der beschäftigten Fachkräfte

Persönliche und fachliche Eignung

Auszubildende darf nur einstellen, wer persönlich geeignet ist. Auszubildende ausbilden darf nur, wer persönlich und fachlich geeignet ist.

In kleineren Betrieben liegen Einstellen und Ausbilden sehr oft im Aufgabenbereich einer Person, nämlich beim Unternehmer selbst, der gleichzeitig auch die fachliche Eignung für diesen Ausbildungsberuf hat. Aber schon in mittleren Betrieben und auf jeden Fall in großen sind Einstellen und Ausbilden voneinander zu unterscheiden.

Während die persönliche Eignung zum Einstellen immer gegeben sein muss, kann – wer fachlich nicht geeignet ist oder selbst nicht ausbildet – persönlich und fachlich geeignete Ausbilder bestellen.

Erst wenn die fachliche Eignung mindestens einer persönlich geeigneten Person gegeben ist, darf in einem bestimmten Ausbildungsberuf eingestellt und damit auch ausgebildet werden.

In den §§ 29, 30 Berufsbildungsgesetz wird der berechtigte Personenkreis näher erläutert.

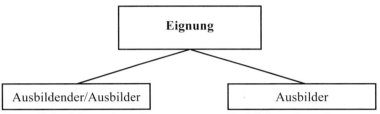

Ausbildender/Ausbilder	Ausbilder
Persönlich nicht geeignet ist,	Fachlich geeignet ist,
– wer Kinder und Jugendliche nicht beschäftigen darf	– wer die beruflichen sowie die berufs- und arbeitspädagogischen Fertigkeiten, Kenntnisse und Fähigkeiten besitzt, die für die Vermittlung der Ausbildungsinhalte notwendig sind.
– wer wiederholt oder schwer gegen das Berufsbildungsgesetz oder die aufgrund dieses Gesetzes erlassenen Vorschriften und Bestimmungen verstoßen hat.	

Ausbildungsordnung

Die bundeseinheitliche Berufsausbildung in einem Ausbildungsberuf wird durch die jeweilige Ausbildungsordnung (§ 5 BBiG) sichergestellt. Sie ist die Grundlage für eine geordnete und einheitliche Berufsausbildung.

In der Ausbildungsordnung sind unter anderem das Berufsbild und der Ausbildungsrahmenplan für den jeweiligen Ausbildungsberuf festgelegt. Während das Berufsbild den Inhalt des Ausbildungsberufes grob beschreibt, werden im Ausbildungsrahmenplan diese Fertigkeiten und Kenntnisse sachlich weiter gegliedert und in einen zeitlichen Zusammenhang gebracht. Diese detaillierte Beschreibung ist die Anleitung zur sachlichen und zeitlichen Gliederung, die Grundlage für die betriebliche Ausbildungsplanung der Unternehmen ist.

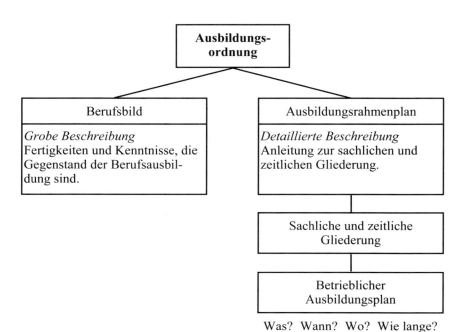

Innerbetriebliche Ausbildungspläne

Bei der Erstellung der innerbetrieblichen Ausbildungspläne hat der Ausbilder zu prüfen, an welchen Stellen im Unternehmen die in der sachlichen und zeitlichen Gliederung festgelegten Fertigkeiten und Kenntnisse vermittelt werden können.

Gleichzeitig soll er feststellen, inwieweit spezielle Belange des Unternehmens, die über die Anforderungen des Berufsbildes hinausgehen, einfließen können. Er muss festlegen, was, wann, wo und wie lange vermittelt werden soll.

Dabei ergibt sich die Frage nach der Ausbildungskapazität. Es muss entschieden werden, wo ausgebildet werden kann und wie viele Auszubildende gleichzeitig an einem Ausbildungsplatz untergebracht werden können.

Wenn nicht schon ausreichende Erfahrungswerte zugrunde liegen, ist es unumgänglich, zumindest eine Grobplanung bereits vor Abschluss der Ausbildungsverträge vorzunehmen.

5.3.2 Behinderte Menschen

Schwerbehindert sind Menschen mit einem Grad der Behinderung von wenigstens 50 %. Der Grad der Behinderung wird von den zuständigen Behörden durch Ausweis bestätigt. Für den Einsatz dieser Mitarbeiter gelten besondere gesetzliche Regelungen. Diese finden weitgehend auch für Gleichgestellte Anwendung, deren Grad der Behinderung unter 50 % liegt, mindestens aber 30 % betragen muss.

Auswirkungen der *Regelungen für behinderte und von Behinderung bedrohten Menschen* für die Personaleinsatzplanung

§ 71

„(1) Private Arbeitgeber und öffentliche Arbeitgeber mit jahresdurchschnittlich monatlich mindestens 20 Arbeitsplätzen, haben auf wenigstens 5 % der Arbeitsplätze schwerbehinderte Menschen zu beschäftigen. Dabei sind schwerbehinderte Frauen besonders zu berücksichtigen."

§ 77

„(1) Solange Arbeitgeber die vorgeschriebene Zahl schwerbehinderter Menschen nicht beschäftigen, haben sie für jeden unbesetzten Pflichtarbeitsplatz monatlich eine Ausgleichsabgabe zu entrichten."

„(2) Die Ausgleichsabgabe beträgt je unbesetzten Pflichtarbeitsplatz

1. 105 EUR bei einer jahresdurchschnittlichen Beschäftigungsquote von 3 % bis weniger als dem geltenden Pflichtsatz,
2. 180 EUR bei einer jahresdurchschnittlichen Beschäftigungsquote von 2 % bis weniger als 3 %.
3. 260 EUR bei einer jahresdurchschnittlichen Beschäftigungsquote von weniger als 2 %."

§ 81

„Die schwerbehinderten Menschen haben gegenüber ihren Arbeitgebern insbesondere Anspruch auf

– Beschäftigung, bei der sie ihre Fähigkeiten und Kenntnisse möglichst voll verwerten und weiterentwickeln können,

– behinderungsgerechte Einrichtung und Unterhaltung der Arbeitsstätten einschließlich der Betriebsanlagen, Maschinen und Geräte sowie der Gestaltung der Arbeitsplätze, des Arbeitsumfeldes, der Arbeitsorganisation und der Arbeitszeit, unter besonderer Berücksichtigung der Unfallgefahr,

– Ausstattung ihre Arbeitsplatzes mit den erforderlichen technischen Arbeitshilfen."

§§ 85, 86

„Die Kündigung des Arbeitsverhältnisses eines schwerbehinderten Menschen beträgt mindestens vier Wochen und bedarf der vorherigen Zustimmung des Integrationsamtes."

5.3.3 Mutterschutz und Elternzeit

Mutterschutz

Mit dem *Mutterschutzgesetz* – Gesetz zum Schutze der erwerbstätigen Mutter – hat der Gesetzgeber besondere Sicherheiten für werdende und stillende Mütter geschaffen.

Für eine werdende Mutter ist es sinnvoll, die Schwangerschaft dem Arbeitgeber so früh wie möglich mitzuteilen. Erst dann gelten die Mutterschutzbestimmungen. Eine der wichtigsten Regelungen: Einer schwangeren Arbeitnehmerin darf nicht gekündigt werden. Dieser besondere Kündigungsschutz erstreckt sich bis zum Ablauf von vier Monaten nach der Geburt.

Im Rahmen der Personaleinsatzplanung sind folgende Bestimmungen des Mutterschutzgesetzes von besonderer Bedeutung.

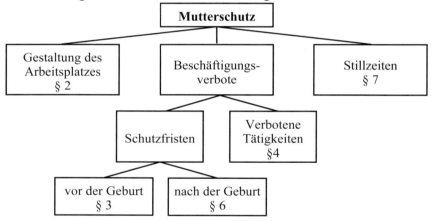

a) Gestaltung des Arbeitsplatzes

Der Arbeitgeber einer werdenden oder stillenden Mutter hat den Arbeitsplatz so zu gestalten, dass das Leben und die Gesundheit der Arbeitnehmerin besonders geschützt wird. Er muss sich auf die Schutzbedürfnisse der Arbeitnehmerin einstellen. So muss einer werdenden oder stillenden Mutter, die überwiegend stehend Arbeiten verrichtet, eine Sitzgelegenheit zur Verfügung gestellt werden. Arbeitnehmerinnen, die überwiegend sitzend arbeiten, müssen Gelegenheit zur Arbeitsunterbrechung erhalten.

b) Beschäftigungsverbote

b1) Schutzfristen

– vor der Geburt
In den letzten sechs Wochen *vor* der Entbindung darf eine werdende Mutter nicht beschäftigt werden. Auf diesen Schutz kann die Arbeitnehmerin allerdings selbst verzichten.

– nach der Geburt
Die Mutter hat nach der Niederkunft eine weitere Schutzfrist von acht Wochen. Mütter mit einer Frühgeburt oder Mehrlingsgeburt erhalten eine verlängerte Schutzfrist von 12 Wochen. Bei Frühgeburten und sonstigen vorzeitigen Entbindungen verlängern sich die Fristen um den Zeitraum der 6-Wochen-Frist (vor der Geburt), der nicht in Anspruch genommen werden konnte.

b2) Verbotene Tätigkeiten

Werdende Mütter dürfen insbesondere nicht mit Arbeiten beschäftigt werden,

- bei denen regelmäßig Lasten von mehr als 5 kg Gewicht oder gelegentlich Lasten von mehr als 10 kg Gewicht ohne mechanische Hilfsmittel von Hand gehoben, bewegt oder befördert werden.
- mit der Bedienung von Geräten und Maschinen aller Art mit hoher Fußbeanspruchung, insbesondere von solchen mit Fußantrieb.
- nach Ablauf des dritten Monats der Schwangerschaft auf Beförderungsmitteln.
- mit Arbeiten, bei denen sie infolge ihrer Schwangerschaft in besonderem Maße der Gefahr, an einer Berufskrankheit zu erkranken, ausgesetzt sind oder bei denen durch das Risiko der Entstehung einer Berufskrankheit eine erhöhte Gefährdung für die werdende Mutter oder eine Gefahr für die Leibesfrucht besteht.
- bei denen sie sich häufig erheblich strecken oder beugen oder bei denen sie dauernd hocken oder sich gebückt halten müssen.
- bei denen sie ständig stehen müssen (nach dem Ablauf des fünften Monats der Schwangerschaft bei einer täglichen Beschäftigungszeit von mehr als 4 Stunden).

c) Stillzeiten

Stillenden Müttern muss der Arbeitgeber auf ihr Verlangen die zum Stillen erforderliche Zeit, mindestens aber zweimal täglich eine halbe Stunde oder einmal täglich eine Stunde freigeben. Ein Verdienstausfall darf dadurch nicht entstehen.

Elternzeit

Nach dem *Gesetz zum Elterngeld und zur Elternzeit* haben Arbeitnehmerinnen und Arbeitnehmer Anspruch auf Elternzeit, wenn sie mit ihrem Kind in einem Haushalt leben und es selbst betreuen und erziehen.

Der Anspruch auf Elternzeit besteht bis zur Vollendung des dritten Lebensjahres eines Kindes. Die Elternzeit kann auch anteilig, von jedem Elternteil allein oder von beiden Elternteilen gemeinsam genommen werden. Wer diese Zeit beanspruchen will, muss sie spätestens sieben Wochen vor Beginn schriftlich vom Arbeitgeber verlangen.

Der Arbeitnehmer oder die Arbeitnehmerin darf während der Elternzeit nicht mehr als 30 Wochenstunden erwerbstätig sein. Teilzeitarbeit bei einem anderen Arbeitgeber oder selbstständige Tätigkeit bedarf der Zustimmung des Arbeitgebers.

Während der Elternzeit ist für Arbeitnehmer und Arbeitnehmerinnen Kündigungsschutz gewährleistet. Sie selbst können das Arbeitsverhältnis zum Ende der Elternzeit und Einhaltung einer Kündigungsfrist von drei Monaten kündigen.

5.3.4 Ältere Arbeitnehmer

Jeder Mensch unterliegt mit zunehmendem Alter einem Leistungswandel. Dies kann zu einer Verringerung der Widerstandsfähigkeit gegenüber bestimmten Arbeitsplatzanforderungen führen. Von einem generellen Nachlassen der Leistungsfähigkeit kann aber keineswegs gesprochen werden.

Leistungswandel
Fähigkeiten, die mit zunehmendem Alter ...

... ausgeprägter werden können	... schwächer werden können
– Arbeits- und Berufserfahrung – Erfassen von übergeordneten Zusammenhängen – Urteilsvermögen – Menschenkenntnis – Verantwortungsbereitschaft	– Körperliche Belastbarkeit – Widerstand gegen Dauerbelastungen (physisch und psychisch) – Reaktionsfähigkeit – Kurzzeitgedächtnis – Seh- und Hörvermögen – Tastsinn

Im Interesse des Unternehmens und der älteren Mitarbeiter ist es unerlässlich, einen leistungsgerechten Einsatz zu planen. Das kann bedeuten, sie entsprechend ihren besonders ausgeprägten Fähigkeiten einzusetzen und zu fördern oder sie zu entlasten, wenn eine volle Leistungsentfaltung nicht mehr möglich ist, zum Beispiel durch:

- andere Aufgaben
- geringere Arbeitszeit

5.3.5 Ausländische Arbeitnehmer

Generelle Aussagen zum Einsatz ausländischer Arbeitnehmer sind nicht möglich, weil das Herkunftsland und damit Kultur und Religion eine entscheidende Rolle spielen.

So ist es zum Beispiel kaum mit Problemen verbunden, einen Niederländer oder Skandinavier zu beschäftigen. Dagegen sind bei Mitarbeitern, die aus einem islamischen Herkunftsland stammen, bestimmte Grundsätze zu beachten.

Schwierigkeiten, die bei der Einsatzplanung entstehen können:

– Unterschiedlicher Ausbildungsstand
– Sprachschwierigkeiten
– Unterschiedliche Religions- und Lebensgewohnheiten
– Integrationsprobleme

Die Personalverantwortlichen müssen verstärkt auf die Integrationsgeeignetheit des Arbeitsplatzes und der -umgebung achten. Defizite im sprachlichen Bereich sowie beim Stand der Kenntnisse und Fertigkeiten müssen – den Anforderungen der Stelle entsprechend – durch Qualifizierungsmaßnahmen ausgeglichen werden.

5.3.6 Wiedereingliederung

Im Rahmen der Personaleinsatzplanung sind Mitarbeiter zu berücksichtigen, die aus unterschiedlichen Gründen wieder in den Arbeitsprozess zu integrieren sind. Für die vorausgegangene längere Unterbrechung kann es unterschiedliche Gründe geben.

Obwohl es sich bei den Rückkehrern meistens um hochmotivierte Mitarbeiter handelt, muss man bei diesen Personen zunächst von einer Leistungsminderung ausgehen. Mehrere Jahre Unterbrechung bedeuten oft, eine völlig andere Arbeitswelt vorzufinden. Allein die technische Entwicklung kann bestimmte Arbeitsabläufe total verändert haben. Um eine möglichst schnelle Wiedereingliederung zu gewährleisten, sollten die Personalverantwortlichen personen- und arbeitsplatzbezogene Maßnahmen durchführen:

- Vorbereitung des Arbeitsplatzes und der Arbeitsumgebung
- Sorgfältige Einführung der neuen (alten) Mitarbeiter
  - Einarbeitungsprogramme
  - Paten
- Förderung der sozialen Integration
- Durchführung von Qualifizierungsmaßnahmen
- Gleitender Einstieg durch eine Teilzeitbeschäftigung mit zunehmender Arbeitszeit bis zum Übergang in die Vollzeittätigkeit

5.4 Einsatz an anderen Standorten

Der Einsatz von Mitarbeitern an Standorten im Ausland, auch an entfernten Standorten in der Bundesrepublik, erfordert Personalarbeit in verschiedenen Phasen.

a) Auswahlphase

Ermittlung der
- fachlichen Qualifikation
- kulturellen Sensibilität, das heißt Bereitschaft und Fähigkeit, sich in Kultur, Überzeugungen und Verhaltensweisen des Gastlandes zurechtzufinden
- Sprachkenntnisse
- Bereitschaft zum Wechsel
- Familienverhältnisse und Einstellung der Familie

b) Vorbereitungsphase

- Festlegung der Modalitäten und Abstimmung mit dem abgebenden Bereich und der aufnehmenden Gesellschaft
- Klärung der Sozialversicherungsfragen
- Abbau von Fähigkeits- und Kenntnisdefiziten, die hinsichtlich der neuen Stelle bestehen
- Information über Kultur und Lebensbedingungen im Einsatzland/-gebiet sowie Klärung von devisenrechtlichen Fragen
- Klärung von Wohnungsangelegenheiten (hier und am neuen Standort)
- Lösung von Familienfragen (Arbeitsplatz Partner/Kinder Schulen)

c) Einsatzphase

- Kontaktpflege und Betreuung vom Stammhaus aus, da dies nicht nur wesentlich für die Zufriedenheit des Mitarbeiters, sondern auch für die spätere Wiedereingliederung ist
- Festlegen eines Ansprechpartners im Stammhaus, um das Gefühl des Alleingelassenseins zu vermeiden
- Weitere Teilnahme an Personalentwicklungsmaßnahmen und wichtigen Veranstaltungen des Stammhauses
- Ständige Information über das Unternehmensgeschehen

d) Rückkehrphase

Organisation einer möglichst reibungslosen beruflichen und privaten Reintegration

- beruflich:
  - Ermittlung des Leistungsstandes und der Erwartungen des Mitarbeiters
  - Auswahl eines Arbeitsplatzes, an dem die zusätzlich erworbenen Qualifikationen und Erfahrungen genutzt werden
  - Aufzeigen von Perspektiven und Festlegen einer entsprechenden Karriereplanung
- privat:
  - Hilfe bei der Wohnungsbeschaffung, eventuell auch bei der Arbeitsplatzsuche für den Ehepartner
  - Lösung schulischer Probleme der Kinder

5.4.1 Relocation-Service

Bei noch so guter Betreuung während der Einsatzphase vom Stammhaus aus, ist es für den Mitarbeiter oft schwierig, sich mit den alltäglichen Dingen am neuen Standort zurechtzufinden. Das gilt insbesondere für Auslandseinsätze. Relocation-Service-Firmen haben eine Marktlücke entdeckt. In der Orientierungs- und Ansiedlungsphase (Einsatzphase) können sie wertvolle Hilfe leisten. Sie erledigen professionell alle wichtigen Details, die anfallen:

- Erste Orientierung in der Stadt, kulturelle und Lebensart-Informationen
- Wohnungssuche und -besichtigungen, Mietvertrag, Schlüsselübergabe
- Polizeiliche Anmeldung, Arbeitserlaubnis und Arbeitsgenehmigung
- Eröffnung von Bank- und Kautionskonten
- Anmeldung in Kindergärten und Schulen
- Anmeldung von Telefon, Strom, Gas, Wasser, Abfallentsorgung, TV ...
- Führerscheinumschreibung, Zollabfertigung/Ummeldung von Autos

Bei Inanspruchnahme eines Serviceleisters kann das Stammhaus auch einige Aktivitäten aus der Vorbereitungsphase abgeben.

6 Personalkosten

Die Entwicklung und mögliche Beeinflussung der Personalkosten ist ein wichtiges Thema für alle Unternehmen, insbesondere für arbeits- und lohnintensive Betriebe und Branchen.

Betriebswirtschaftliche Betrachtung der Personalkosten:

Personalkosten sind alle Kosten, die im Zusammenhang mit dem Produktionsfaktor Arbeit entstehen.

6.1 Personalkostenplanung

Je höher der Personalkostenanteil an den gesamten Kosten des Unternehmens ist, desto sorgfältiger muss die Personalkostenplanung vorgenommen werden.

Ziele der Personalkostenplanung:

- Bereitstellung eines Datengerüstes für die Personalplanung und für die Unternehmensplanung
- Aufschluss über die Kostenstruktur und Kostenentwicklung
- Erkennen der Haupteinflussfaktoren
- Eingriffsmöglichkeiten bei notwendigen Korrekturen
- Inner- und überbetrieblicher Vergleich der Kostenentwicklung

6.2 Personalkostenarten

Die Betrachtung der Personalkosten kann nach verschiedenen Gesichtspunkten vorgenommen werden:
Welche Unterscheidung von Bedeutung ist, hängt von der jeweiligen Zielsetzung ab.

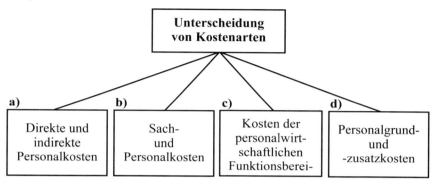

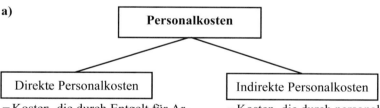

Direkte Personalkosten	Indirekte Personalkosten
= Kosten, die durch Entgelt für Arbeitsleistung entstehen – Löhne – Gehälter – Personalzusatzkosten – Kalkulatorischer Unternehmerlohn	= Kosten, die durch personalwirtschaftliche Aufgaben entstehen – Anteilige Kosten der Personalführung – Kosten der Personalabteilung – Kosten des Betriebsrates

b)

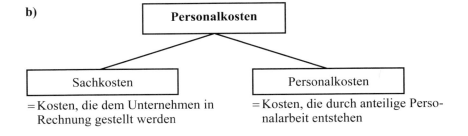

= Kosten, die dem Unternehmen in Rechnung gestellt werden

= Kosten, die durch anteilige Personalarbeit entstehen

Beispiel:
Bei der Einstellung neuer Mitarbeiter entstehen Sach- und Personalkosten.

Sachkosten:
- Anzeigenkosten
- Kosten für die Einschaltung einer Personalagentur oder privaten Arbeitsvermittlung
- Reisekosten
- Ärztliche Untersuchung
- Schulungskosten
- Umzugskosten
- Ausstattung des Arbeitsplatzes
- Arbeitskleidung

Personalkosten:
- Entwerfen der Anzeige
- Schreib- und Verwaltungsarbeiten
- Kontaktpflege mit der Agentur für Arbeit und/oder anderen Vermittlern
- Durchführung von Vorstellungsgesprächen
- Vorbereitung und Abstimmung der Interviewer
- Information des Betriebsrates
- Einarbeitungskosten

c)

Personalkosten

Kosten der personalwirtschaftlichen Funktionsbereiche

Kosten des Personaleinsatzes
- Arbeitsplatzausstattung
- Arbeitskleidung
- Einarbeitungskosten
- Unfallverhütung und Gesundheitsfürsorge

Kosten der Personalentwicklung
- Teilnehmer (Lehrgangsgebühren, Reisekosten)
- Referenten (Honorare, Reisekosten)
- Räume und Bewirtung
- Lehr- und Lernmaterial

Kosten der Personalfreistellung
- Ausgleichszahlungen
- Gewährung von Wohnrechten
- Gerichtskosten
- Outplacementkosten

Kosten der Personalbedarfsermittlung und -beschaffung
- Interne Bedarfsermittlung
- Arbeitsmarktbeobachtung
- Personalwerbung
- Einschalten von Vermittlern
- Personalauswahl

Kosten der Personalinformation
- Schwarzes Brett
- Werkszeitung
- Rundschreiben
- Internet/Intranet

Kosten für die Bereitstellung eines Anreizsystems
- Erfolgsbeteiligungen
- Vorschlagswesen
- Freiwillige Sozialleistungen

Dazu kommen die *Kosten des Betriebsrates*, die keiner personalwirtschaftlichen Funktion direkt zugeordnet werden können:
- Freistellungen
- Räume
- Weiterbildung
- Betriebsversammlungen

d)

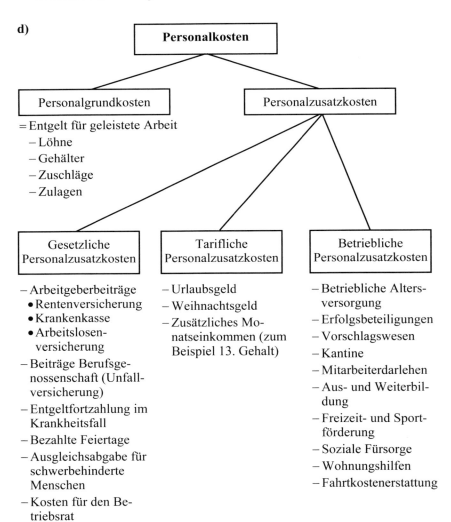

6.3 Personalkostenbudget

Im Rahmen der Personalkostenplanung geben viele Unternehmen ein Budget vor. Damit soll Folgendes erreicht werden:

– *Richtlinie*
  Das Budget hat eine Steuerungsfunktion. Es gibt die Richtlinie für kostenbewusstes Handeln vor.

– *Stimulation*
  Das Budget motiviert die Verantwortlichen zum Einhalten der vorgegebenen Werte und damit zum Erreichen der betrieblichen Ziele.

– *Kontrolle und Kostenbeeinflussung*
  Ein ständiger Vergleich der tatsächlichen mit den geplanten Werten ermöglicht schnelles Handeln. Alternativen zur Kostenbeeinflussung werden ermittelt und die entsprechenden Aktionen können durchgeführt werden.

Das Personalkostenbudget kann als Gesamtbudget oder als Teilbudget für einzelne Funktionen erstellt werden.

Viele Unternehmen gehen dazu über, ein flexibles Budget einzurichten, und zwar aufgrund der Nachteile eines starren Budgets.

Nachteile eines starren Personalkostenbudgets sind:

– Zum Zeitpunkt der Budgetfestlegung gibt es zu viele Unwägbarkeiten im Rahmen der Einflussfaktoren.

Beispiele:

- Absatz- und Arbeitsmarktveränderungen
- Gesetzliche und tarifliche Änderungen
- Technologischer Wandel
- Belegschaftsveränderungen

– Es besteht die Gefahr, dass ein Budget ausgeschöpft wird, obwohl es nicht benötigt wird.

Beispiel:

- Zum Ende des Geschäftsjahres wird das Teilbudget „Aus- und Weiterbildung" durch die zusätzliche Anschaffung von Geräten verbraucht. Grund: Der Kostenverantwortliche ist der Meinung, dass er sonst im Folgejahr einen geringeren Betrag zugewiesen bekommt. Als offizieller Grund wird die unbedingt notwendige Anschaffung der Geräte vorgeschoben.

6.4 „Cafeteria"-Verfahren

Im Cafeteria-Verfahren soll den Mitarbeitern mehr Einfluss auf ein persönliches Sozialleistungspaket eingeräumt werden. Sie sollen selbst entscheiden, inwieweit sie zwischen verschiedenen Entgeltleistungen beziehungsweise betrieblichen Sozialleistungen innerhalb eines vorgegebenen Budgets wählen.

Im übertragenen Sinne wird der Belegschaft eine Menükarte vorgelegt, nach der sie ein spezielles Menü aus verschiedenen Sozialleistungen zusammenstellen kann.

Es bieten sich folgende Möglichkeiten an:

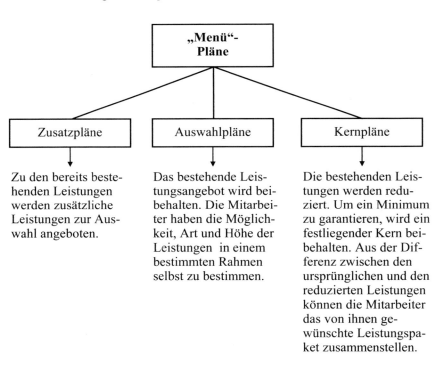

Das in den USA entwickelte Cafeteria-Verfahren hat für die anbietenden Unternehmen und die in Anspruch nehmenden Mitarbeiter erhebliche Vorteile. Dennoch setzt es sich bei uns – aufgrund einiger Nachteile – kaum bzw. nur sehr schleppend durch.

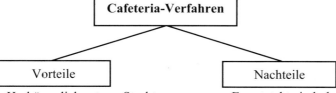

Vorteile	Nachteile
– Herkömmliche starre Strukturen werden durch individuelle Wahlmöglichkeiten abgelöst. – Die Unternehmen bieten ein attraktives Vergütungssystem, das Motivationsanreize bietet und zum Personalmarketing eingesetzt werden kann. – Aus einem gleich hohen Gesamtvergütungssystem ziehen die Mitarbeiter einen höheren Nettonutzen.	– Es entsteht ein hoher administrativer Aufwand (Information, Beratungsgespräche, Lohn- und Gehaltsabrechnung). – Aufgrund der wirtschaftlichen Entwicklung kann die Beibehaltung eines breiten, flexiblen Angebotes unmöglich werden. – Arbeitnehmervertretungen verlieren an Einfluss, da die Kontrollmöglichkeiten aufgrund der individuell zusammengestellten Leistungen zurückgehen.

6.5 Personalcontrolling

Ziele und Aufgaben

Ziel des Personalcontrolling ist es, Personalangelegenheiten transparent zu machen und durch eine permanente Analyse wichtige Entscheidungsgrundlagen zu schaffen.

Personalcontrolling befasst sich *nicht nur mit den Personalkosten* eines Unternehmens, sondern mit der systematischen *Planung, Analyse und Steuerung aller personalwirtschaftlichen Sachverhalte*.

Aufgaben:

- Planungs-, Kontroll- und Informationssysteme (Controlling-Instrumente) schaffen und pflegen
- Abstimmung der Instrumente untereinander
- Koordination der Instrumente mit anderen Systemen der Unternehmensplanung

- Ermittlung von Vorgabewerten für Teilbereiche der Personalplanung (Personalbedarf, -beschaffung, -freisetzung, -kosten, -einsatz, -entwicklung)
- Soll-Ist-Vergleich
- Ursachen-Analyse
- Korrekturen bei Abweichungen (zum Beispiel: Maßnahmen zur Senkung der Fluktuationsquote)

Voraussetzungen für die Akzeptanz von Personalcontrolling:

a) Zielgruppengerechtes Informationssystem
- Zielgruppe ist nicht nur das Top-Management, sondern alle Führungsebenen werden angesprochen.
- Die Informationsinstrumente müssen vom Umfang und Inhalt her der jeweiligen Zielgruppe angepasst werden.
- Erfolgreiches Personalcontrolling hängt von der Akzeptanz aller Führungskräfte ab.

b) Persönliche und fachliche Eignung des Stelleninhabers (Controller)
- Allgemeine Kenntnisse der Aufbau- und Ablauforganisation aus allen Bereichen des Unternehmens
- Gute personalwirtschaftliche Fachkenntnisse
- Hohes Maß an sozialer Kompetenz
- Ausgeprägte Schlüsselqualifikationen
  - Kommunikations- und Kooperationsfähigkeit
  - Entscheidungsfähigkeit
  - Durchsetzungsvermögen
  - Ausdauer
  - Lernbereitschaft

7 Fluktuation

Fluktuation ist der sich zwischenbetrieblich vollziehende Personalwechsel. Nach dieser Definition bedeutet Fluktuation, dass ein Mitarbeiter aus einem bisherigen Arbeitsverhältnis in einem Unternehmen ausscheidet und in einem anderen Unternehmen ein neues Arbeitsverhältnis beginnt.

Zur Fluktuation gehören demnach nicht:

- Innerbetrieblicher Wechsel (Versetzung)
- Ausscheiden durch Beendigung befristeter Verträge (Aushilfen, Auszubildende, Praktikanten)
- Vorübergehendes Ausscheiden (Mutterschutz, Elternzeit, Wehr- und Zivildienst)
- Natürliche Abgänge (Erreichen der Altersgrenze, Tod)

7.1 Folgen

Bedingt durch die Fluktuation entsteht für das abgebende Unternehmen Ersatzbedarf. Die Realisierung einer Einstellung ist mit entsprechenden Kosten verbunden. Außerdem entstehen weitere negative Folgen.

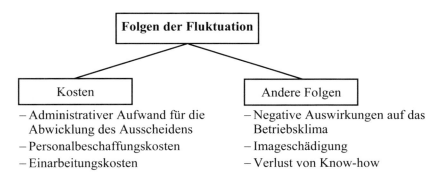

- Administrativer Aufwand für die Abwicklung des Ausscheidens
- Personalbeschaffungskosten
- Einarbeitungskosten

- Negative Auswirkungen auf das Betriebsklima
- Imageschädigung
- Verlust von Know-how

Gezielte Maßnahmen zur Minderung der Fluktuation und zur rechtzeitigen Ersatzbeschaffung erfordern eine quantitative und qualitative Fluktuationsanalyse.

7.2 Quantitative Fluktuationsanalyse

Um eine quantitative Betrachtung vorzunehmen, wird die Fluktuationsquote ermittelt. Dabei wird die Zahl der Abgänge in Beziehung zur Belegschaft gesetzt. Es gibt folgende Möglichkeiten.

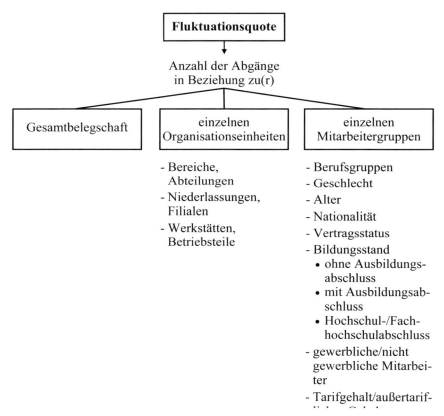

In der Praxis werden zwei Formeln zur Ermittlung der Fluktuationsquote angewandt.

a) $$\frac{\text{Anzahl der Abgänge pro Jahr} \times 100}{\text{Durchschnittlicher Personalbestand}}$$

b) $$\frac{\text{Anzahl der Abgänge pro Jahr} \times 100}{\text{Personalbestand} + \text{Zugänge}}$$

7.3 Qualitative Fluktuationsanalyse

Ziel der qualitativen Fluktuationsanalyse ist es, zu ermitteln, welche betrieblichen Gründe und welche individuellen Motive zur Fluktuation geführt haben könnten. Diese Informationen sind wichtig, um rechtzeitig gezielte Gegenmaßnahmen einleiten zu können.

Ursachen der Fluktuation

Arbeitssituation
- Image des Unternehmens
- Größe des Unternehmens
- Organisatorische Einordnung
- Aufstiegsmöglichkeiten
- Weiterbildungsmöglichkeiten
- Art und Schwere der Arbeit
- Arbeitsbedingungen
- Arbeitszeit
- Urlaub
- Lohn/Gehalt
- Sozialleistungen
- Betriebsklima/Gruppenklima
- Führungsstil

Individuelle Gründe
- Krankheit/Unfall
- Änderung der Familienverhältnisse
- Soziale Bindungen (zum Beispiel Arbeitsplatzwechsel des Partners)
- Umzug
- Einstieg in einen anderen Beruf
- Aufstiegsmöglichkeiten in einem anderen Unternehmen

Bevor sich ein Mitarbeiter zum externen Arbeitsplatzwechsel entscheidet, werden im Allgemeinen mehrere Motive zusammenkommen.

7.4 Maßnahmen

Die Ermittlung der quantitativen und qualitativen Fluktuation ist sinnvoll, wenn mit entsprechenden Maßnahmen reagiert wird. Soweit die Ursachen in der Arbeitssituation liegen, ist es oft möglich, durch Änderungen Abhilfe zu schaffen. Daher ist es sehr wichtig, gezielte Mitarbeitergespräche zu führen.

Dabei gibt es folgende Möglichkeiten:

a) **Rückkehrgespräch (Fehlzeitengespräch)**

Der Fluktuation gehen oft längere Fehlzeiten voraus. Bei der Entscheidung für die Kündigung (Stadium: innere Kündigung) verlieren viele Mitarbeiter schon die Bindung an das Unternehmen und sind eher zu Fehlzeiten bereit.

Bei einem Rückkehrgespräch können nicht nur die Ursachen einer möglichen Unzufriedenheit ermittelt werden, der Mitarbeiter kann auch dazu bewogen werden, seine Einstellung zu ändern und die Kündigung zurückzunehmen.

Selbstverständlich ist nicht jede längere Fehlzeit mit einer beabsichtigten Kündigung in Verbindung zu bringen. Ein Rückkehrgespräch bietet auch die Gelegenheit, dem Mitarbeiter bei der Wiederaufnahme der Arbeit behilflich zu sein und ihn über die wichtigsten Geschehnisse während der Abwesenheit zu informieren.

Im Zusammenhang mit der qualitativen Fluktuationsanalyse ist es nicht nur sinnvoll, sich nach dem derzeitigen Befinden des Mitarbeiters zu erkundigen, sondern auch zu klären, aus welchen Gründen es zu der Abwesenheit kam.

b) **Abgangsinterview**

Viele Unternehmen führen mit Mitarbeitern, die gekündigt haben, ein Abgangsinterview. Dieses Gespräch sollte nicht durch den Vorgesetzten (er kann eventuell selbst der Kündigungsgrund sein), sondern durch eine neutrale Person geführt werden, zum Beispiel

- Geschäftsführer
- Mitarbeiter der Personalabteilung
- Stabsmitarbeiter (Psychologe, Sozialarbeiter)
- Unternehmensberater

Ziel des Abgangsinterviews ist es, die Gründe für die Kündigung zu ermitteln und – soweit diese auf betriebliche Ursachen zurückzuführen sind – Maßnahmen zur Verbesserung einzuleiten. Es sollte selbstverständlich sein, dass jedes Gespräch sorgfältig vorbereitet und einfühlsam durchgeführt wird. Trotzdem kann es sein, dass es nicht zum erhofften Erfolg führt.

Gründe:

Der Mitarbeiter

- ist nicht bereit, dem Unternehmen durch seine Information Hilfe anzubieten
- macht bewusst oder unbewusst falsche Aussagen
- befürchtet, sich selbst zu schaden und ein schlechtes Zeugnis zu erhalten

In vielen Fällen werfen die Mitarbeiter den Vertretern des Unternehmens vor, dass es jetzt zu spät sei. Sie stellen die Frage, warum sich die Verantwortlichen nicht früher darum gekümmert hätten.

c) **Kontinuierliche Mitarbeitergespräche**

Rückkehrgespräche und Abgangsinterviews werden in Bezug auf den betroffenen Mitarbeiter oft zu spät geführt.

Im Rahmen eines kooperativen Führungsstils sollten daher – auch nach der Einarbeitungsphase – regelmäßig Mitarbeitergespräche geführt werden. Dabei haben die Mitarbeiter unter anderem die Gelegenheit, auf mögliche Verbesserungen der Arbeitssituation hinzuweisen.

8 Personalabbau (Personalfreistellung)

Personalabbaumaßnahmen bedürfen besonders sorgfältiger Abwägung, weil die Interessen der Beteiligten hart aufeinandertreffen.

8.1 Ursachen

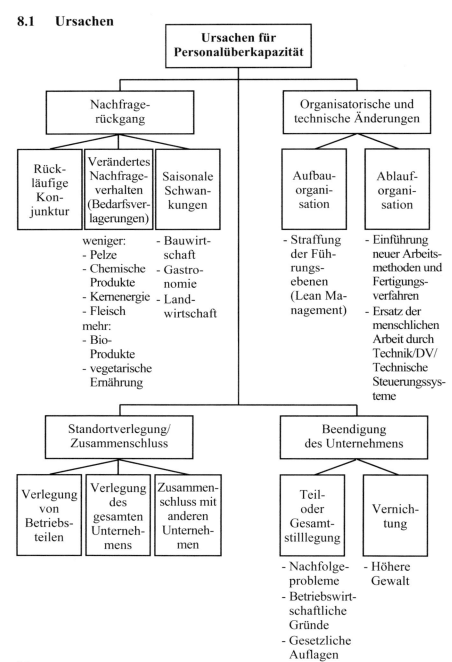

8.2 Zielkonflikte

Die durch die Überkapazität bedingten möglichen Maßnahmen haben unterschiedliche Auswirkungen für die betroffenen Mitarbeiter und das abbauende Unternehmen.

Dabei gilt es, verschiedene Ziele in Einklang zu bringen. Bei der Durchführung der Maßnahmen stellt sich oft heraus, dass eine Zielharmonie kaum zu erreichen ist.

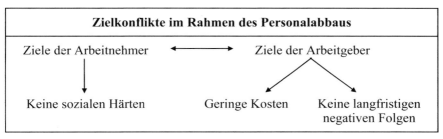

8.3 Indirekte und direkte Maßnahmen

Indirekte Maßnahmen

Personalabbau kann durch indirekte, vorbeugende „weiche" Maßnahmen vorgenommen werden. Sie sollen Arbeitsplätze erhalten und damit Arbeitslosigkeit vermeiden.

Indirekte Maßnahmen sind:

- Erweiterung des Produktionsprogramms
- Verstärkte Bildungsmaßnahmen
- Reparaturarbeiten
- Abbau von Überstunden und Sonderschichten
- Abbau von Resturlaub
- Betriebsferien
- Hereinnahme von Fremdaufträgen
- Erweiterte Lagerhaltung
- Flexibilisierung der Arbeitszeit

Die mögliche Anwendung einzelner Maßnahmen ist stark von der Branche, der Unternehmensgröße und der Mitarbeiterstruktur abhängig.

Zu den indirekten Maßnahmen zählt auch der *Einstellungsstopp:*
- Keine Ersatzbeschaffung für Kündigungen und natürliche Personalabgänge (Erreichen der Altersgrenze, Tod)
- Keine befristete Ersatzbeschaffung (Mutterschutz, Elternzeit, Wehr- und Ersatzdienst)

Direkte Maßnahmen

Direkte Maßnahmen sind zum Teil mit erheblichen Auswirkungen für den Arbeitnehmer und/oder den Arbeitgeber verbunden.

Direkte Maßnahmen sind:
- Kurzarbeit
- Tarif- oder arbeitsvertragliche Arbeitszeitverkürzung
- Outplacement
- Aufhebungsverträge
- Arbeitgeber-Einzelkündigungen
- Massenentlassungen

9 Outplacement

Im Rahmen der Freisetzung von Führungskräften werden zunehmend Outplacement-Berater eingeschaltet. Es soll zu einer einvernehmlichen Trennung kommen, bei der die Interessen und Bedürfnisse des ausscheidenden Managers und des freisetzenden Unternehmens berücksichtigt werden.

Der Ablauf dieser Dienstleistung wird in drei Phasen vollzogen.

1. Phase: Vorbereitungsphase

Es werden grundsätzliche Überlegungen in Zusammenhang mit der Trennung getroffen. Dabei wird über die betroffene Person, die Notwendigkeit der Maßnahme und die Gestaltungsmöglichkeiten der Durchführung beraten.

2. Phase: Übermittlungsphase

Die Übermittlung der Nachricht kann – je nachdem wie es in Phase 1 besprochen wurde – durch den Outplacement-Berater allein erfolgen. Es kann auch ein Unternehmensvertreter (eventuell Geschäftsleitung, Vorstand) hinzugezogen werden.

3. Phase: Betreuungs- und Vermittlungsphase

In der letzten Phase widmet sich der Berater dem Kandidaten und wird aktiv in Bezug auf die Stellensuche. Schwerpunkte seiner Arbeit sind:

- Psychische Aufrüstung
- Situationsbestimmung
- Feststellung der persönlichen und beruflichen Zielsetzung
- Ermittlung von relevanten Stellen
- Unterstützung bei der Ausarbeitung und Zusammenstellung der Bewerbungsunterlagen
- Übung von Einstellungstests
- Simulation von Vorstellungsgesprächen
- Beratung vor Abschluss des Arbeitsvertrages

Outplacement soll beiden Seiten nutzen

a) Nutzen für das abgebende Unternehmen

- Die Führungsstruktur kann den neuen Anforderungen angepasst werden.
- Fehlbesetzungen im Management können korrigiert werden.
- Die faire Form der Trennung vermeidet Härten.
- Es erfolgen keine negativen Signalwirkungen auf andere Führungskräfte.
- Streitigkeiten und Auseinandersetzungen werden vermieden.
- Lange Restlaufzeiten von Verträgen können abgekürzt werden, sobald die neue Position gefunden ist.
- Die mit der Trennung verbundenen Kosten können verringert werden.

b) Nutzen für die ausscheidende Führungskraft
   - Sie bekommt die Chance, eine geeignete Aufgabe und Position zu finden.
   - Die Risiken des Wechsels werden reduziert, weil Beratung und Betreuung professionell durchgeführt werden.
   - Die materiellen Lebensbedingungen werden gesichert.
   - Die persönliche Verarbeitung des Verlustes wird erleichtert.
   - Das Selbstbewusstsein wird gestärkt.
   - Ein Imageverlust im persönlichen Umfeld wird vermieden.

Teil III

1 Motivation

Der Erfolg von Führungsprozessen hängt unter anderem davon ab, inwieweit die Führungskräfte die Motivationsstruktur ihrer Mitarbeiter berücksichtigen.

Die *Motivation* ist die individuelle Verhaltensbereitschaft im Hinblick auf das Erreichen eines oder mehrerer Ziele.

Das *Motiv* ist oft nicht direkt zu erkennen. Es ist der Beweggrund für die individuelle Verhaltensbereitschaft und geht auf die Bedürfnisse zurück. Unbefriedigte Bedürfnisse lösen ein Mangelgefühl aus. Wenn das Ziel erreichbar und erstrebenswert ist, setzt der Organismus Energien frei und es werden Aktivitäten entwickelt, um den Mangel zu beseitigen.

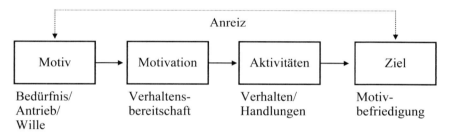

Die durch Anreize aktivierten Motive bestimmen für eine bestimmte Zeit das Verhalten mit dem Anliegen, die gesteckten Ziele zu erreichen.

Beispiele:

Motiv	Motivation	Aktivität	Ziel
Hunger	Bereitschaft zur Nahrungsaufnahme	Essen	Sättigung
Geltungsbedürfnis	Bereitschaft zu besonderer Leistung	Sehr gute Ausführung der Arbeit	• Lob/Anerkennung durch Vorgesetzte • Aufstiegsmöglichkeiten
Sicherheitsbedürfnis	Bereitschaft zu weniger Fehlzeiten	Ständige Anwesenheit	• Arbeitsplatzsicherheit • Einkommen

1.1 Motivationsstufen

Der Amerikaner Maslow hat eine hierarchische Ordnung in einer Bedürfnispyramide der menschlichen Bedürfnisse aufgestellt.

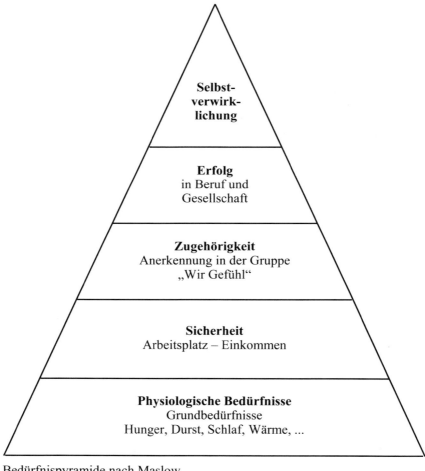

Bedürfnispyramide nach Maslow

Die „Mitarbeiter-Bedürfnispyramide" – in Anlehnung an Maslow – enthält Motive, die das Verhalten von Mitarbeitern bestimmen können.

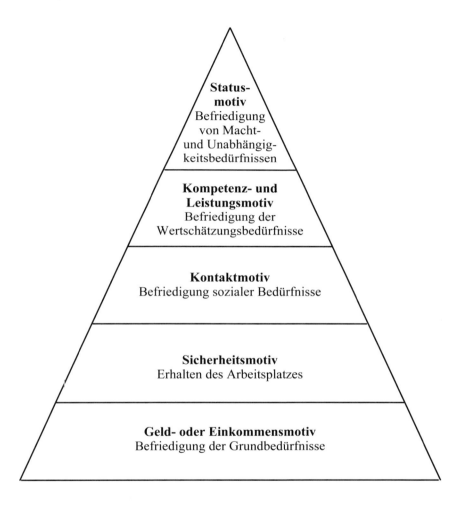

1.2 Primär- und Sekundärmotivation

Motivation erwächst aus inneren Beweggründen, dem eigenen Wollen heraus *(intrinsische Motive)* oder wird von außen her in Gang gebracht *(extrinsische Motive)*.

Leistungsimpulse haben somit primäre und sekundäre Quellen. Die primäre Motivation ist zweifelsfrei wirkungsvoller und anhaltender, weil der Mitarbeiter von sich aus motiviert ist, Ziele zu erreichen.

So wird die Leistungsbereitschaft sehr ausgeprägt sein, wenn sich der Mitarbeiter für die Tätigkeit interessiert und sie ihm Spaß macht. Dazu müssen aber extrinsische Belohnungen kommen, zum Beispiel Entgelt, weil er damit seine Bedürfnisse außerhalb der Arbeit befriedigen muss.

Um die Zufriedenheit der Mitarbeiter und damit eine Steigerung der Leistungsbereitschaft zu erreichen, werden in den Unternehmungen Anreizsysteme geschaffen, die aus monetären und nicht-monetären Mitteln bestehen.

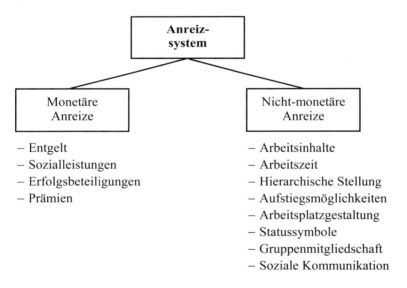

Durch eine hohe Motivation allein kann jedoch keine Leistung erbracht werden. Dazu ist erforderlich, dass die Unternehmung die entsprechenden Mittel bereitstellt und Kontakte ermöglicht (Arbeitsplatz, Arbeitsumgebung, Informationsaustausch) und dass der Mitarbeiter die notwendigen Kenntnisse und Fertigkeiten besitzt.

Leistungsverhalten = f [Motivation • (Kenntnisse + Fertigkeiten)]

Ein etwa gleich hohes Leistungsverhalten verschiedener Mitarbeiter kann durch eine hohe Motivation bei geringeren Fertigkeiten und Kenntnissen oder durch geringere Motivation bei ausgeprägten Kenntnissen und Fertigkeiten erreicht werden. Für die Substitution von Kenntnissen und Fertigkeiten durch Motivation oder umgekehrt gibt es jedoch Grenzen, so ist zum Beispiel ein bestimmtes Fachkönnen für die Erfüllung jeder Aufgabe notwendig und kann nicht vollständig durch Motivation ersetzt werden.

2 Mitarbeiterführung

2.1 Funktionen der Führung

Vorgesetzte und Mitarbeiter eines Unternehmens arbeiten zusammen, um gemeinsam die Unternehmensziele zu erreichen. Im Rahmen der erforderlichen Delegation ist es notwendig, dass Vorgesetzte das Verhalten ihrer Mitarbeiter in einem kommunikativen Prozess zielorientiert beeinflussen.

Führungsaufgaben sind nur durchführbar, wenn sich *Vorgesetzte* und *Mitarbeiter* ständig gegenseitig *informieren*. Je selbstbewusster und unabhängiger die Mitarbeiter sind, desto wichtiger ist die *Kommunikation im Führungsprozess* und desto mehr Zeit muss dafür aufgewendet werden.

Darstellen lassen sich die Hauptfunktionen von Führung im sogenannten „Managementregelkreis":

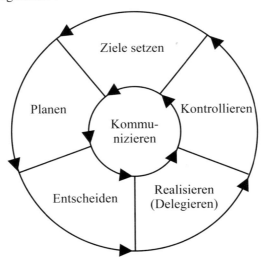

2.2 Führungsgrundsätze

Zur Durchsetzung bzw. Absicherung eines einheitlichen Führungskonzepts sind Führungsgrundsätze erforderlich. Sie dienen der Regelung von Rechten und Pflichten der Vorgesetzten und Mitarbeiter und verkörpern so ein praxisnahes Leitbild für die Anwendung von geeigneten Führungsmaßnahmen. Führungsgrundsätze werden aus den Unternehmensgrundsätzen abgeleitet, die wiederum Bestandteile der übergeordneten Unternehmensphilosophie sind.

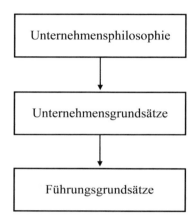

Es soll eine klare Abgrenzung der Kompetenzen und der Verantwortung der Vorgesetzten und der Mitarbeiter erreicht werden. Führungsgrundsätze müssen selbstverständlich auf das jeweilige Unternehmen zugeschnitten sein.

Beispiele:

Der Vorgesetzte muss

- seine Mitarbeiter umfassend und regelmäßig informieren. Konstruktive Kritik der Mitarbeiter soll er nicht unterdrücken, sondern besonders anerkennen.

- jede Gelegenheit nutzen, die Mitarbeiter über ihren Leistungsstand zu informieren. Dazu dienen Anerkennungs- und Kritikgespräche sowie schriftliche Beurteilungen, bei denen die Beurteilungskriterien und -maßstäbe zu erläutern sind.

- Aufgaben, Kompetenzen und Verantwortung so weit wie möglich delegieren und in der jeweiligen Stellenbeschreibung festhalten.

- die Entfaltungsmöglichkeiten der Mitarbeiter fördern, indem er sie im Rahmen ihrer Stellenbeschreibung selbst handeln und entscheiden lässt.

- die Selbstkontrolle der Mitarbeiter ausdehnen, die eigenen Kontrollaufgaben zwar einschränken, aber nicht vernachlässigen.
- die Mitarbeiter fördern, ihnen Entwicklungsmöglichkeiten aufzeigen und die innerbetriebliche Mobilität – auch außerhalb des eigenen Bereiches – unterstützen.
- sich für die leistungsgerechte Entlohnung seiner Mitarbeiter einsetzen.

2.3 Einflussfaktoren

Die Personalführung hat in den letzten Jahren in ihrer Bedeutung und ihrer Ausführung starke Veränderungen erfahren und befindet sich weiterhin in Änderungsprozessen.

Einflussfaktoren auf das Führungsverhalten:

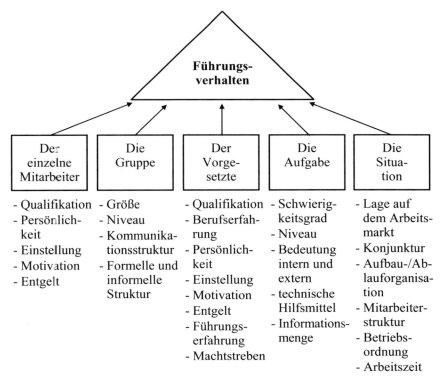

Der einzelne Mitarbeiter	Die Gruppe	Der Vorgesetzte	Die Aufgabe	Die Situation
- Qualifikation	- Größe	- Qualifikation	- Schwierigkeitsgrad	- Lage auf dem Arbeitsmarkt
- Persönlichkeit	- Niveau	- Berufserfahrung	- Niveau	- Konjunktur
- Einstellung	- Kommunikationsstruktur	- Persönlichkeit	- Bedeutung intern und extern	- Aufbau-/Ablauforganisation
- Motivation	- Formelle und informelle Struktur	- Einstellung	- technische Hilfsmittel	- Mitarbeiterstruktur
- Entgelt		- Motivation	- Informationsmenge	- Betriebsordnung
		- Entgelt		- Arbeitszeit
		- Führungserfahrung		
		- Machtstreben		

Veränderungsprozesse, die Führungsaufgaben erweitern oder erschweren:

- *Der einzelne Mitarbeiter:*
  Das Bewusstsein der Arbeitnehmer verändert sich durch steigende Aus- und Weiterbildung und eine Verbesserung des allgemeinen Informationsstandes in Richtung eines steigenden Werte- und Selbstbewusstseins. Damit kann es zu einer kritischeren Einstellung gegenüber der betrieblichen Führung kommen.

- *Die Gruppe:*
  Mit der Anwendung neuerer Führungsstile soll unter anderem die Kommunikation in den Gruppen und zwischen einzelnen Gruppen gefördert und damit das Betriebsklima verbessert werden. Dadurch bilden sich häufiger informelle Strukturen, die die formale Legitimation von Vorgesetzten oft in Frage stellen.

- *Der Vorgesetzte:*
  Er muss seine Anerkennung und seinen Einfluss durch seine Persönlichkeit, sein Verhalten und seine Leistungen immer wieder aufs Neue erwerben und rechtfertigen.
  - Der Abstand zwischen anweisender und ausführender Tätigkeit wird zunehmend geringer. Folgen: lean production/lean management/lean organization
  - Bei fortschreitender Spezialisierung und Automatisierung kann es schnell zu einem Informationsvorsprung der Mitarbeiter kommen.

- *Die Aufgabe:*
  Durch die zunehmende Technisierung der Arbeitsplätze und der immer größer werdenden Datenmengen sind viele Arbeitnehmer zwar weniger physischen, dafür aber mehr psychischen Belastungen ausgesetzt. Dadurch kann es zu Konflikten, Leistungsrückgang, Fehlzeiten und Fluktuation kommen.

- *Die Situation:*
  Die Lage auf dem Arbeitsmarkt und die konjunkturelle Situation beeinflussen das Verhalten von Vorgesetzten und Mitarbeitern.

  Veränderungen in der Aufbau- und Ablauforganisation (Rationalisierung) sowie Arbeitszeitveränderungen bei Entgeltverlusten (zum Beispiel 4-Tage-Woche) können zu einer kritischen Einstellung bis hin zur Demotivation der Mitarbeiter führen und damit die Führungsaufgaben erschweren.

2.4 Führungsstile

Der persönliche Führungsstil eines Vorgesetzten ist die Art und Weise, wie er seine Mitarbeiter zielgerichtet beeinflusst. Zu unterscheiden sind die traditionellen und die neueren Führungsstile:

Traditionelle Führungsstile
Die traditionellen Führungsstile werden als „Autoritäre Führungsstile" bezeichnet. Die extreme Ausführung des autoritären Führungsstils bedeutet
- Entscheidungen erfolgen ausschließlich durch den Vorgesetzten,
- Anordnungen basieren auf dem System von Befehl und Gehorsam,
- der Vorgesetzte duldet keine Kritik an seinen Entscheidungen und Handlungen.

Zu diesen Führungsstilen gehören:
a) Charismatischer Führungsstil:
   Eine begnadete persönliche Ausstrahlung rechtfertigt die Führung (Gottesgnadentum).
b) Patriarchischer Führungsstil:
   In Anlehnung an die Autorität des Vaters in seiner Familie begründen sich Führung und Herrschaft.
c) Autokratischer Führungsstil:
   Es kommt zu einer autoritären Führung in unumschränkter Selbstherrschaft aufgrund eines streng hierarchisch aufgebauten Führungssystems ohne Berücksichtigung oder Beteiligung der „Untergebenen".
d) Bürokratischer Führungsstil:
   Die Führung ist über den Instanzenweg klar in mehrere Ebenen gegliedert. Es gilt eine strenge Über- und Unterordnung. Kooperation und Information der Untergebenen ist nicht vorgesehen.

Bei diesen Führungsstilen besteht die Gefahr, dass die Mitarbeiter das Vorgehen dulden und dabei demotiviert und desinteressiert sind. Die Folgen sind wenig Initiative und Leistungsbereitschaft. Oder sie widersetzen sich und arbeiten damit in einer konfliktgeladenen Atmosphäre mit entsprechenden Folgen. Außerdem ist es möglich, dass sie den autoritären Führungsstil übernehmen und – wenn sie Führungsaufgaben haben – in ihren Bereichen selbst anwenden.
Daher sind diese Führungsstile in reiner Form mit modernem Führungsverhalten kaum zu vereinbaren.

Andere, zum Teil neuere Führungsstile
Die Art und Weise Mitarbeiter zu führen, erfolgt in erster Linie kooperativ. Je nach Situation und/oder beteiligten Personen gibt es auch andere Modelle.

a) Kooperativer Führungsstil:
   Grundsätze des kooperativen Führungsstils sind:
   - Der Vorgesetzte beteiligt die Mitarbeiter aktiv an den Entscheidungen.
   - Der Vorgesetzte schreibt nur so viel wie nötig vor.
   - Gemeinsam werden alle Schritte zur Zielerreichung geplant und kontrolliert.
   - Der Vorgesetzte informiert und berät. Er erwartet konstruktive Kritik und Anregungen.

   Bei der Anwendung des kooperativen Führungsstils wird der Mitarbeiter als Partner gesehen. Vorteile der kooperativen Zusammenarbeit sind:
   - Förderung der Selbständigkeit, Verantwortungsbereitschaft und Kritikfähigkeit der Mitarbeiter
   - Erreichen fundierter Entscheidungen durch Einbeziehung von Spezial-/ Detailkenntnissen
   - Verbesserung der Beziehungen zwischen Vorgesetzten und Mitarbeitern
   - Entlastung der Vorgesetzten

b) Situativer Führungsstil:
   In der Praxis treten Mischformen auf, die zwar mehr kooperative, der Situation entsprechend auch autoritäre Elemente enthalten können. Es wird dann von einem *situativen Führungsstil* ausgegangen.

c) „Laissez-faire"-Führungsstil:
   Der „Laissez-faire"-Führungsstil kennt keine straffe Führung, sondern lässt den Mitarbeitern weitgehend Verhaltensfreiheit („lässt gewähren").

   Teils bleiben die Mitarbeiter sich selbst überlassen, teils gibt der Vorgesetzte Anleitungen auf Anfragen hin, überwacht aber nicht die Durchführung. Entscheidungen bleiben einzelnen oder der Gruppe überlassen. Es bilden sich daher schnell informelle Strukturen.

   Im Allgemeinen ist dieser Führungsstil abzulehnen, es sei denn, es handelt sich um Gruppen, in denen alle gleichberechtigt sind und eine Person als Koordinator – nicht als Vorgesetzter – tätig wird, zum Beispiel bei Forschungs- oder Projektgruppen.

Entscheidungsanteile

Die Abstufung der Entscheidungsspielräume zwischen Vorgesetzten und Mitarbeitern ist bei den verschiedenen Führungsstilen unterschiedlich.

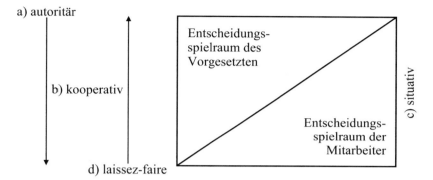

a) Der Vorgesetzte ordnet an und entscheidet allein.
b) Vorgesetzte und Mitarbeiter entscheiden anteilig gleichberechtigt.
c) Die Situation bestimmt, wer was zu entscheiden hat.
d) Die Mitarbeiter treffen die Entscheidungen allein.

3 Mitarbeiterbeurteilung

3.1 Bedeutung

Zunehmend wird der systematischen Mitarbeiterbeurteilung als Führungs- und Förderungsinstrument mehr Bedeutung zugemessen. Nutzer sind:

Unternehmensleitung:
- Sie erhält einen Überblick über den Leistungstand aller bzw. einzelner Mitarbeiter.

Personalleitung und Fachvorgesetzte:
- Sie haben ein Instrument zur Prüfung, ob die Stellen mit den richtigen Mitarbeitern besetzt sind.
- Sie nutzen Beurteilungen als ein Hilfsmittel für Entscheidungen im Rahmen der Personaleinsatz-, -entwicklungs- und -freistellungsplanung, für die Lohn- und Gehaltsfindung sowie Zeugniserstellung.

Mitarbeiter:
- Durch diese Standortbestimmung werden sie darüber informiert, wie ihre Leistungen und ihr Verhalten beurteilt werden.
- Sie werden motiviert, Stärken auszubauen und Schwächen zu beheben.
- Sie können eventuell ihre Aufstiegsmöglichkeiten mit beurteilen.
- Die Lohn- oder Gehaltsfindung wird transparenter.

3.2 Zeitpunkte

In Bezug auf die Beurteilungszeitpunkte gibt es zwei Arten von Beurteilungen.

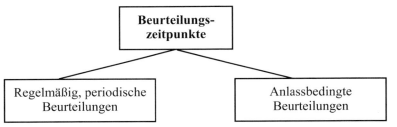

Regelmäßig, periodische Beurteilungen
- Sie werden für *alle* Mitarbeiter durchgeführt.
- Sie sind häufig die Grundlage für eine periodische Lohn- und Gehaltsüberprüfung.
- Die Abstände betragen 1/2 Jahr, 1 Jahr oder 2 Jahre.

Anlassbedingte Beurteilungen
- Ablauf der Probezeit
- Versetzungen und Beförderungen
- Wechsel des Vorgesetzten
- Veränderung der Aufgaben
- Veränderung der Kompetenzen
- Zwischenzeugnis auf Wunsch des Mitarbeiters
- Disziplinarmaßnahmen
- Ausscheiden aus dem Unternehmen
- Zeugniserstellung

3.3 Formen der schriftlichen Beurteilung

a) Freie Beurteilung

Unabhängig von einem vorgegebenen Schema kann der Beurteiler die Kriterien und deren Ausprägung frei wählen und formlos niederschreiben.

Vorteile:	– Der Beurteiler wird nicht eingeengt.
	– Die Beurteilungen können individueller gestaltet werden.
Nachteile:	– Die Beurteilungskriterien und der Beurteilungsmaßstab werden willkürlich festgelegt.
	– Der Vergleich der Beurteilungen verschiedener Verfasser wird erschwert. Damit ist der periodische Vergleich einzelner Mitarbeiter sowie der Vergleich innerhalb von Gruppen schwierig, weil es keine einheitlichen Kriterien gibt.
	– Es kommt eher zu Beurteilungsfehlern.
	– Die Erstellung ist zeitaufwendig und erfolgt daher oft mit Verzögerung.
	– Die Auswertung ist zeit- und kostenaufwendig.
	– Die Qualität des Beurteilungsschreibens ist stark von den Formulierungsfähigkeiten des Verfassers abhängig.

b) *Gebundene Beurteilung*

Die Beurteilungskriterien werden auf einem Vordruck vorgegeben. Auf einer horizontalen oder vertikalen Skala werden die möglichen Ausprägungen eines Merkmals dargestellt, zum Beispiel von 1 – 5 oder von 1 – 9, wobei 1 die schlechteste Bewertung und 5 bzw. 9 die beste Bewertung ist.

Skalierungen vertikal und horizontal:

Vertikale Skalierung

Punkte	Merkmalsgrad
9	
8	
7	
6	X
5	
4	
3	
2	
1	

Horizontale Skalierung

					X			
1	2	3	4	5	6	7	8	9

— Punkte
— Merkmalsgrad

Zusätzlich können die Endpunkte der Skalen bzw. alle Punkte mit Texthilfen versehen werden.

Skalen mit Texthilfen:

Beispiel 1
Allgemeine Skala, vertikal

9	sehr stark ausgeprägt
8	stark ausgeprägt
7	
6	ausgeprägt
5	
4	
3	
2	wenig ausgeprägt
1	nicht vorhanden

Beispiel 2
Spezielle Skala, horizontal
zum Beispiel für das Beurteilungskriterium „Flexibilität"

1	2	3	4	5	6	7	8	9

1 = unbeweglich,
geringe Aufgeschlossenheit
gegenüber Neuem

9 = sehr beweglich,
stets Neuem
gegenüber aufgeschlossen

c) Mischformen

Um die Vor- und Nachteile der freien und der gebundenen Beurteilung auszugleichen, werden in der Praxis oft Mischformen vorgezogen.

Ein Teil entspricht der gebundenen Beurteilung. Zusätzlich kann der Beurteiler ein freies Feld für Ausführungen nutzen, die er für wesentlich hält.

3.4 Beurteilungsfehler

Wenn das systematische Vorgehen bei der Beurteilung durch ein geeignetes Verfahren sichergestellt ist, muss noch darauf geachtet werden, dass die Ergebnisse nicht durch Beurteilungsfehler eingeschränkt werden.

Um fehlerhafte Beurteilungen zu vermeiden, sollte jeder Verantwortliche über mögliche Fehlerquellen informiert sein.

Fehlerquellen

– Tendenz zur Mitte
 Dieser Fehler beruht auf der Neigung des Beurteilenden, ausgeprägte positive oder negative Bewertungen zugunsten der „Mitte" zu vermeiden. Diese Tendenz ist nicht selten feststellbar. Sie entsteht oft aus Verantwortungsscheu, aus Unsicherheit oder aus dem schlechten Gewissen heraus, sich nicht genügend mit dem Mitarbeiter beschäftigt zu haben.

- Milde-Fehler
 Dieser Fehler entsteht durch eine zu wohlwollende Einstellung gegenüber dem zu beurteilenden Mitarbeiter. Dazu kann es kommen, wenn ein Vorgesetzter sich zu sehr mit der Gruppe identifiziert oder befürchtet, einzelne Mitarbeiter zu verletzen. Der Beurteiler muss sich bewusst machen, dass er dem Mitarbeiter durch eine zu gute, unkritische Beurteilung die Chance nimmt, sich selbstkritisch mit seinen Leistungen auseinanderzusetzen und die eigenen Anstrengungen zu verstärken.

- Strenge-Fehler
 Im Gegensatz zu einer zu milden Beurteilung kann es auch die zu strenge Beurteilung geben. Dieser Fall ist gegeben, wenn der Beurteiler einen zu hohen Maßstab anlegt. Dies kann zur Demotivation der Mitarbeiter führen.

- Halo- oder Überstrahlungseffekt
 Häufig „überstrahlt" der erste Eindruck spätere Beobachtungen, oder besonders ausgeprägte Verhaltensweisen – positive oder negative – überdecken weniger ausgeprägte. Informationen, die diesem ersten Bild nicht entsprechen, werden dadurch oft nicht beachtet oder unterbewertet.

- Kontrastfehler
 Beurteilende, die das Verhalten und die Leistungen ihrer Mitarbeiter an sich selbst messen, über- bzw. unterfordern diese, je nachdem, ob sie an sich selbst hohe oder niedrige Anforderungen stellen.

- Korrekturfehler
 Der Vorgesetzte, der einen Mitarbeiter periodisch oder bei besonderen Anlässen mehrmals beurteilt, kann dem Fehler verfallen, eine starke Verbesserung oder Verschlechterung des Mitarbeiters nicht angemessen zu bewerten.

3.5 Beurteilungsgespräch

Das Beurteilungsgespräch dient nicht nur der Information des Mitarbeiters über das Beurteilungsergebnis, es ist ein entscheidender Bestandteil des Beurteilungsverfahrens. Erst mit dem Beurteilten zusammen können Konsequenzen aus der schriftlichen Beurteilung gezogen werden.

Schwerpunkte sind:

- Lob und Anerkennung
  - Motivation des Mitarbeiters, Stärken beizubehalten oder auszubauen
  - Stärkung der Sicherheit und des Selbstvertrauens des Mitarbeiters

- Konstruktive Kritik
  - Aufzeigen von Defiziten
  - Erarbeitung von Maßnahmen zur Leistungsverbesserung
  - Ziel- und Kontrollvereinbarungen

Um ein effektives Gespräch sicherzustellen, ist Folgendes zu beachten (siehe dazu auch „Kritik- und Konfliktgespräche", Teil V, 2.3):

- Beurteiler und Beurteilter müssen sich vorbereiten können.
- Der äußere Rahmen muss dem Anlass entsprechen (keine Schreibtischsituation).
- Das Gespräch ist unter vier Augen zu führen.
- Der Beurteiler sollte mit den positiv beurteilten Kriterien beginnen und nicht in der Reihenfolge des Beurteilungsbogens vorgehen.
- Kritik muss sachbezogen und darf nicht personenbezogen sein.
- Die Stellungnahme des Beurteilten ist zu erfragen und eventuell schriftlich zu fixieren.
- Monologe des Beurteilers sind zu vermeiden.

Teil IV

1 Führen der Personalakte

Unter „Personalakte" versteht man die Sammlung aller Schriftstücke mit Urkundencharakter (Dokumente, die auf den Arbeitsvertrag einwirken), die im Unternehmen über einen Mitarbeiter geführt werden.

Sachunterlagen, zum Beispiel Lohn- und Gehaltsabrechnungen, können auch außerhalb der Personalakte aufbewahrt werden. Die Basisdaten für die Bezüge dagegen sind Bestandteil der Personalakte.

1.1 Zweck

Es gibt keine Vorschriften, die eine Pflicht zur Führung von Personalakten enthalten.

Es ist aber zweckmäßig, Personalakten zu führen, um

- einen vollständigen Überblick über den Mitarbeiter zu erhalten und damit die Personalarbeit zu erleichtern,
- Urkunden zu archivieren,
- Einsichtsrechte zu gewährleisten.

Wenn sie geführt werden, gelten folgende Grundsätze:

- Sie sollen für jeden Mitarbeiter separat geführt werden.
- Sie sollen vollständig und aktuell sein, das heißt alle wesentlichen Daten und Veränderungen enthalten.
- Es darf keine „Schattenakten" geben. Neben den offiziellen dürfen keine weiteren inhaltlich abweichenden Akten geführt werden.
- Sie sollen zentral und feuersicher aufbewahrt werden.

1.2 Aufbau und Inhalt

Die Inhalte der Personalakte sollten übersichtlich gegliedert werden, und zwar zunächst nach Sachgebieten und innerhalb der Sachgebiete chronologisch.

Mögliche Einteilung:

Personalien:
- Personalanforderung
- Bewerbungsschreiben
- Lebenslauf
- Zeugnisse bisherige Tätigkeiten
- Polizeiliches Führungszeugnis
- Personalbogen
- Arbeitserlaubnis bei ausländischen Arbeitnehmern
- Familienstand bzw. Adressenänderungen
- Rentenbescheid

Vertragliche Vereinbarungen:
- Arbeitsvertrag
- Probezeit
- Vertragsänderungen
- Erfindungen – Verbesserungen
- Vollmachten
- Nebentätigkeiten
- Beendigung des Arbeitsverhältnisses

Bezüge:
- Grundbezüge
- Leistungszulagen
- Änderungen der Bezüge
- Aufwandsentschädigungen
- Sondervergütungen
- Vorschüsse
- Darlehen und Beihilfen
- Jubiläumsgeld
- Abfindung

Tätigkeit:
- Stellenbeschreibungen
- Anforderungsprofile
- Versetzungen
- Fortbildungen
- Beurteilungen
- Abmahnungen

Gesundheit – Abwesenheit:
- Ärztliches Zeugnis
- Mutterschutz
- Elternzeit
- Kuren
- Unterlagen zu Behinderungen
- Wehr-/Ersatzdienst

Schriftverkehr:
- Agentur für Arbeit
- Sozialversicherungsträger
- Sonstige

Nach § 83 Abs. 2 Betriebsverfassungsgesetz sind Erklärungen des Mitarbeiters zum Inhalt der Personalakte auf sein Verlangen beizufügen. Sie sollten bei den Schriftstücken abgelegt werden, auf die sie sich beziehen.

1.3 Recht auf Einsichtnahme

Arbeitgeber und *Vorgesetzte*, soweit es sich um ihre Mitarbeiter handelt, sind einsichtsberechtigt.

Mitarbeiter haben das Recht nach § 83 Abs. 1 Betriebsverfassungsgesetz Einsicht in ihre Personalakte zu nehmen. Einsichtnahme heißt Lesen und Kenntnisnahme, nicht jedoch Überlassen der Akte.

Der Arbeitnehmer *kann ein Betriebsratsmitglied* hinzuziehen.

Der Arbeitgeber kann Ort und Zeit sowie eine Aufsichtsperson für die Einsichtnahme bestimmen.

2 Personalstatistik

2.1 Zweck

a) Internes Informationsinstrument

Die Personalstatistik dient in erster Linie dem Unternehmen selbst. Um das Geschehen in allen Bereichen der Personalwirtschaft transparent zu machen, werden Statistiken geführt und in geeigneter Form dargestellt. Damit wird eine Analyse und Kontrolle der Vergangenheit vorgenommen. Zugleich lassen sich Entscheidungshilfen für künftige Planungen gewinnen.

b) **Externes Informationsinstrument**

Es gibt gesetzliche Verpflichtungen, statistische Informationen an externe Stellen zu geben. Darüber hinaus gibt es Institutionen, die sich für die personalstatistischen Informationen interessieren.

Intern dienen diese Statistiken bestimmten Personen oder Gruppen als Informationsinstrument und eventuell als Grundlage für Entscheidungen.

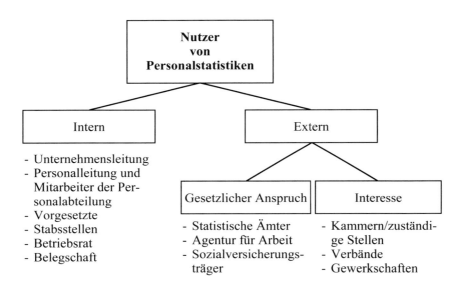

2.2 Arten

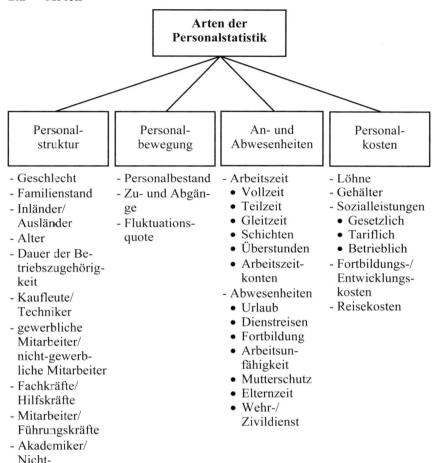

In der betrieblichen Praxis werden die Daten oft für bestimmte Organisationseinheiten gesondert erfasst, zum Beispiel für Abteilungen, Bereiche und Gruppen oder für Filialen und Betriebsstätten.

2.3 Grundsätze

Dem Aufwand für die Erstellung der Personalstatistiken muss ein entsprechender Nutzen gegenüberstehen. Um eine wirtschaftliche Bereitstellung der Daten zu gewährleisten, sind einige Grundsätze zu beachten:

- Die Daten müssen einfach erfasst, übersichtlich dargestellt und zeitnah vorgelegt werden.
- Es muss eine kontinuierliche Vergleichbarkeit zwischen Perioden und Organisationseinheiten geben.

2.4 Darstellungsformen

a) **Tabelle**

Fehlzeiten	2005	2006	2007
Krankheitstage	3	7	2
Urlaub	25	27	30
Fortbildung	5	9	2

b) **Säulendiagramm (Stabdiagramm)**

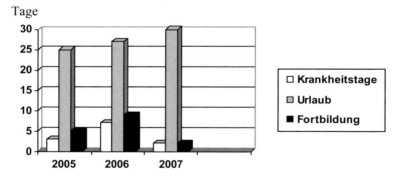

c) **Kurvendiagramm**

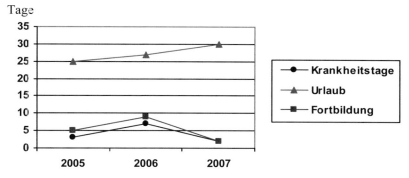

d) **Kreisdiagramm**

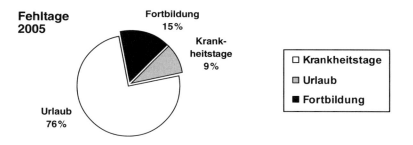

e) **Balkendiagramm**

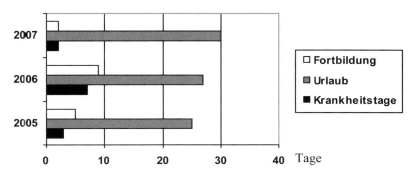

f) **Bilddiagramm**

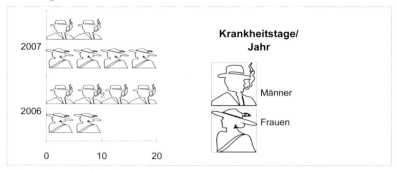

Im Rahmen der statistischen Auswertungen werden auch Kennzahlen ermittelt. Dazu einige Beispiele:

a) Personalstruktur $\quad\dfrac{\text{Führungskräfte} \times 100}{\text{Gesamtbelegschaft}}$

b) Personalbewegung $\quad\dfrac{\text{Abgänge pro Jahr} \times 100}{\text{durchschnittlicher Personalbestand}}$

c) An- und Abwesenheiten $\quad\dfrac{\text{Arbeitsunfähigkeitstage pro Monat} \times 100}{\text{Arbeitstage pro Monat}}$

d) Personalkosten (pro Kopf) $\quad\dfrac{\text{Fortbildungskosten}}{\text{Anzahl der Mitarbeiter}}$

3 Einsatzmöglichkeiten der „Elektronischen Datenverarbeitung"

Große und mittlere Unternehmen setzen Rechner im Bereich der Personaladministration ein. Kleinere Unternehmen nutzen häufig Dienstleistungen von Service-Rechenzentren oder Gemeinschaftsrechenzentren. Oder sie nehmen die Dienstleistungen von Steuerberatern (Entgeltabrechnung) in Anspruch, weil diese über die notwendige Software und die entsprechenden Fachkräfte verfügen.

In vielen Unternehmen war die Personalentgeltabrechnung die erste Anwendung der EDV, die dann auch lange Zeit ausschließlich aus der Abrechnung bestand.

Mit dem Einsatz von Datenbanken wurde es möglich, Personalinformationssysteme einzurichten. Diese tragen zu einer wesentlichen Informationsverbesserung bei. Sie unterstützen die Personalverwaltung und die Personalplanung. Dabei werden zum Teil Daten herangezogen, die ohnehin für die Entgeltabrechnung oder andere Sachgebiete gespeichert sind. Zum Teil werden diese Daten in einem bestimmten Umfang ergänzt.

3.1 Anwendungsbereiche

Durch die EDV können in der Personalplanung und -verwaltung folgende Aufgaben erfüllt werden:

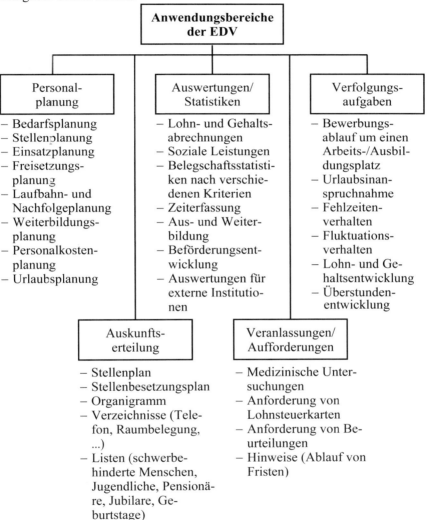

Um die Personalinformationssysteme optimal zu nutzen, ist die permanente Aktualisierung der Daten unbedingte Voraussetzung.

3.2 Vorteile und Grenzen der EDV-Anwendung

Vorteile:

- Rationalisierung der administrativen Tätigkeit
  - Straffung der Ablauforganisation
  - Verringerung der Routineaufgaben
  - Zeitnahe Datenaufbereitung
  - Schneller Zugriff
- Umfangreiches Datenmaterial
- Maschinelle Ablage – Verringerung der Papierablage
- Weniger Fehlerquellen

Grenzen:

Die Computerunterstützung in der Personalarbeit stößt dort an ihre Grenzen, wo der Mensch im Mittelpunkt steht. Die *individuelle Personalverwaltung und -betreuung* wird sich auch in Zukunft kaum automatisieren lassen.

Persönliche Personalarbeit:

- Gesprächsführung
  - Vorstellungsgespräche
  - Beurteilungsgespräche
  - Entwicklungsgespräche
- Absprachen
  - Personalabteilung – Fachabteilung
  - Personalabteilung – Betriebsrat
- Entscheidungen
  - Einstellung
  - Einsatz
  - Förderung
  - Beurteilung
  - Gehaltsentwicklung
  - Soziale Leistungen

4 Persönliche Arbeitsorganisation

4.1 Zeit- und Aufgabenplanung

Die Mitarbeiter im Personalwesen wünschen sich oft, mehr Zeit zur Verfügung zu haben. Aber es gibt nicht mehr Zeit. Jeder hat alle Zeit, die es gibt.

Die Zeit als Maß ist für alle gleich. 24 Stunden dauert ein Tag für jeden – für den Bettler wie für den Millionär.

Systematische Planung führt zu einer besseren Zeiteinteilung. Nur so können die Ziele in der zur Verfügung stehenden Zeit erreicht werden.

Es ist kein Zufall, dass Mitarbeiter, die erfolgreich sind, gesund und ausgeglichen, ihre Zeit fest im Griff haben. Schaut man sich ihren Arbeitsstil genau an, so zeigt sich, dass sie alle *ihre Zeit planen* und *mit System erledigen*.

Um einen Arbeitstag konsequent und realistisch zu planen, sind maximal 10 Minuten erforderlich. Am Vorabend oder morgens werden alle Tätigkeiten notiert, die an diesem Tag erledigt werden sollen. Für die nach Prioritäten geordnete Aufgabenliste reicht ein ein beliebiges Blatt Papier aus, es muss kein spezieller Vordruck aus einem Zeitplanbuch sein.

4.2 Prinzipien der Zeitplanung

Der Arbeitstag im Personalwesen ist interessant und abwechslungsreich. Das bedeutet auch, dass die Zeit- und Aufgabenplanung – bedingt durch die vielen Unwägbarkeiten – schwierig ist.

Um die Zeit in den Griff zu bekommen, ist es zunächst sehr wichtig, von einer realistischen Zeiteinschätzung auszugehen. Bei einem 8-Stunden-Tag ist es meistens unmöglich, die gesamten 8 Stunden für bestimmte Arbeiten zu verplanen. Es muss nicht nur genug Zeit für die Pausen, sondern auch Zeit für Unerwartetes und Störungen eingeplant werden.

Wie sieht die Zeiteinteilung (pro Tag) aus?

Zeit für	Zeit für
– geplante Arbeiten	– Pausen
	– Unerwartetes
	– Störungen
	– Warte- und Suchzeiten
	– Soziale Kommunikation
% ?	% ?

Viele Mitarbeiter können nur 50 (60, 70) % verplanen und müssen die restliche Zeit für Unwägbarkeiten offen halten.

Dabei handelt es sich selbstverständlich nur um Durchschnittswerte, die sich an einzelnen Wochentagen oder zu bestimmten Jahreszeiten verschieben können.

Basis für eine realistische Tagesplanung ist der geschätzte Prozentwert für geplante Arbeiten. Diese 50 (60, 70) % sind die Zeit, in der die Arbeiten erledigt werden müssen, die höchste Priorität haben.

Priorität 1 (A) = Arbeiten, die unbedingt heute vom Stelleninhaber selbst erledigt werden müssen

Priorität 2 (B) = Arbeiten, die heute erledigt werden sollten, aber auf morgen verschoben werden können oder delegiert werden können

Priorität 3 (C) = Arbeiten, die auf einen anderen Tag verschoben werden können oder delegiert werden können

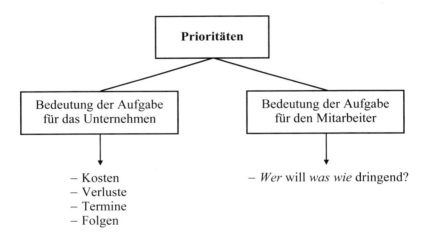

Die Kernfrage lautet: Was passiert, wenn es *heute* nicht gemacht wird? In vielen Fällen lautet die Antwort: Nichts. Die Aufgabe hat dann Priorität 2 oder 3. Für Priorität 1 bleiben nur die wirklich wichtigen Arbeiten.

Die bisher dargestellten Planungsprinzipien
- Schriftliche Tagesplanung
- Realistische Zeitplanung
  - Angemessene Dauer einschätzen
  - Pausen
  - Pufferzeiten
- Prioritäten setzen (Nicht nach Neigungen arbeiten)

können um weitere Grundsätze ergänzt werden:
- Störarme und störanfällige Zeiten berücksichtigen
- Delegation von Arbeiten, die andere erledigen können
- Tagesleistungskurve beachten
- Serien bilden (Aufgabenbündelung)
- „Nein-Sagen" können (Personen und Situationen beachten)
- Abgestimmte Terminplanung
- Abschirmen (für wichtige ungestörte Arbeitsblöcke)
- Effiziente Gesprächsvorbereitung, -durchführung und -nachbearbeitung
- Gute Ablage- und Schreibtischorganisation

Teil V

1 Arten der Kommunikation

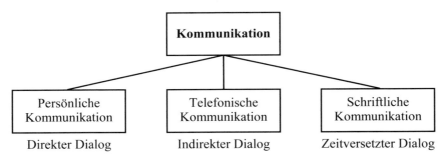

1.1 Beeinflussungsmöglichkeiten

Berufliche Kommunikation erfolgt mit der Absicht, Ziele zu erreichen. Dabei setzen die Partner – bewusst oder unbewusst – Instrumente zur Beeinflussung ein.

Kommunikation ist weit mehr als nur das Miteinanderreden. Sie kann auch nonverbal erfolgen durch Körpersprache, Mimik und Gestik, denn allein durch die Gegenwart eines anderen Menschen – auch ohne ein gesprochenes Wort – wird Verhalten beeinflusst. Stimme und Ton sind weitere wichtige Faktoren, die auf andere wirken.

Die Beeinflussungsmöglichkeiten bei den verschiedenen Kommunikationsarten sind unterschiedlich.

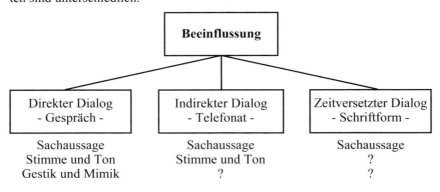

a) **Direkter Dialog:** – Sachaussage
   – Gespräch – – Stimme und Ton
   – Gestik und Mimik

Im direkten Gespräch stehen alle Instrumente zur Verfügung. Dabei wirken Stimme und Ton mit über 30 % und Gestik und Mimik mit über 50 % sehr stark auf andere Menschen ein. Je nach Situation und Partnerbeziehung können sich diese Prozentwerte verschieben. In jedem Fall aber wird die Wirkung von Gestik und Mimik überwiegen. Blickkontakt, Gesichtsausdruck und Körperhaltung senden wichtige Signale aus.

b) **Indirekter Dialog:** – Sachaussage
   – Telefonat – – Stimme und Ton ⎫
   – *Gestik und Mimik* ⎭ indirekt

Fehlt das wichtigste Beeinflussungsinstrument beim Telefonieren? Kommt es zu einer Beschränkung auf die Sachaussage sowie Stimme und Ton?

Nein – indirekt wirken Gestik und Mimik mit. Insbesondere der Gesichtsausdruck hat eine nicht zu unterschätzende Wirkung. Es ist nicht möglich, mit verärgerter Mimik etwas Freundliches zu sagen – oder umgekehrt, mit einem Lächeln, etwas Unfreundliches zu sagen. „Lächeln hört man!" Das Lächeln – der freundliche Gesichtsausdruck – ist ein kostenloses Arbeitsinstrument beim Telefonieren. Bei sehr ernsten Themen ist das Verhalten jedoch anders. Es wird der Situation angepasst.

c) **Zeitversetzter Dialog:** – Sachaussage
   – Brief, Telefax, – Stil
   E-Mail – – Gestaltung

Die schriftliche Kommunikation unterliegt anderen Gesetzmäßigkeiten. Die Beeinflussung durch Gestik und Mimik entfällt. Außerdem fehlt die „Musik" des Tones. Hier müssen die fehlenden Prozentwerte durch guten Stil, korrekte Gestaltung und Rechtschreibung ausgeglichen werden.

2 Persönliche Kommunikation

2.1 Bedeutung der Körpersprache

Den Wahrheitsgehalt einer Aussage kann man oft daran erkennen, inwieweit die gesprochenen Worte mit der Körpersprache harmonieren.

Unsere Gespräche werden ständig von unwillkürlichen oder willkürlichen Bewegungen begleitet. Ein universelles „Gestik-Mimik-Alphabet", in dem genau steht, welche Geste und welcher Gesichtsausdruck was bedeutet, kann es nicht geben.

So sagt zum Beispiel Weinen nicht aus, ob ein Mensch aus Freude, Trauer oder Wut weint. Bei der Interpretation der Körpersprache spielen auch Umgebungseinflüsse und Situationen wichtige Rollen. Die Menschen verhalten sich in der Familie und im Freundeskreis anders als im Beruf; bei einem Vorstellungsgespräch fühlen sie sich stärker beobachtet als bei einem Unterhaltungsgespräch. Trotz dieser Unwägbarkeiten gibt es Signale, die man ziemlich sicher deuten kann, zum Beispiel das bestätigende Kopfnicken eines Menschen, der zustimmt, oder die herunterhängenden Schultern und Arme einer traurigen Person.

Menschen, die auf Körpersprache achten, können bei ihrem Gegenüber mehr erkennen, als dieser mit Worten sagt. Umgekehrt können sie andere bewusst beeinflussen, indem sie Körpersprache gezielt einsetzen oder vermeiden.

a) **Mimik**

– Gesichtsausdruck
Menschen mit einem freundlichen Gesichtsausdruck wirken sympathischer. Ihre Mitmenschen trauen ihnen die Eigenschaften Ehrlichkeit, Kompetenz und Großzügigkeit eher zu als verschlossenen Zeitgenossen.

– Blickkontakt
Blickkontakt aufzunehmen und zu halten hat einen besonderen Stellenwert. Wer interessiert zuhört, offen und ehrlich ist, wird dem Partner fast automatisch in die Augen schauen. Dabei ist darauf zu achten, dass dieser Augenkontakt dezent erfolgt. Wer seinen Partner fixiert, muss mit unsicheren und vielleicht auch aggressiven Reaktionen rechnen.

b) Haltung und Bewegung

Zwar gibt es kein Patentrezept für die richtige Haltung in allen Lebenslagen, aber eine locker-aufrechte Haltung wirkt offen und selbstbewusst. Mit krummem Rücken und hängenden Schultern wird man nicht gerade überzeugend auf den Partner wirken.

- Das ist eine gute Standhaltung:
  - Gerades Stehen und Blickkontakt mit dem Gegenüber
  - Beide Beine/Füße stehen fest auf dem Boden
  - Die Füße werden ein wenig auseinandergehalten
  - Die Arme bewegen sich locker oberhalb der Taille
  - Die Hände werden offen dem Partner zugewandt
- Das ist eine gute Sitzhaltung:
  - Aufrechtes Sitzen und Blickkontakt mit dem Partner
  - Der Oberkörper ist dem Gegenüber zugewandt
  - Die Hände ruhen auf den Armlehnen oder unterstreichen das Gesprochene durch dezente Bewegungen
  - Die Beine sind etwas schräg nebeneinander angeordnet
  - Die Füße stehen ein wenig auseinander

c) Abstand – Distanzzonen

Bei der Beantwortung der Frage „Wer darf wie nahe an wen herantreten?" kommt es auf die jeweilige Situation an.

Distanzzonen, die für die Gesprächsführung von Bedeutung sind:

Intimdistanz └─▶ 50 cm	In den Bereich unter 50 cm dürfen nur Familienmitglieder und sehr gute Freunde eindringen. Im beruflichen Umfeld ist die Intimdistanz unbedingt zu respektieren. Das Eindringen in diese Zone wird mit Rückzug oder Angriff beantwortet.
Persönliche Distanz └─▶ 50 – 150 cm	Dieser Abstand ist bei der allgemeinen Begrüßung und bei beruflichen Kontaktgesprächen, zum Beispiel beim Vorstellungsgespräch oder beim Beurteilungsgespräch, einzuhalten. Eine größere Entfernung vom Partner (zum Beispiel 3 Meter) könnte eine überzeugende Gesprächsführung stark gefährden.

Bei sehr introvertierten Gesprächspartnern sollte man die Respektzonen etwas ausdehnen, bei sehr extrovertierten Partnern kann man sie etwas verringern.

2.2 Fragetechnik

Zur guten Gesprächsführung gehören rhetorische Hilfsmittel, unter anderem eine geschickte Fragetechnik. *Wer fragt, der führt!* Es ist daher wichtig, Kenntnisse über die verschiedenen Fragearten zu haben, um sie dann gezielt einsetzen zu können.

Welche Fragen besser oder schlechter sind, hängt von verschiedenen Faktoren ab. Gute Gesprächsführung zeichnet sich nicht durch die Verwendung von „Guten Fragen" und die Vermeidung von „Schlechten Fragen" aus, sondern von dem Einsatz der „Richtigen Fragen zum richtigen Zeitpunkt".

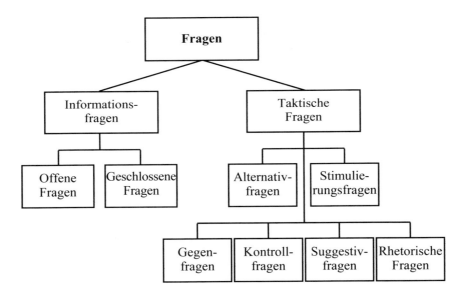

a) Informationsfragen

Es gibt zwei Arten, die unterschiedliche Effekte erzielen. Zum einen gibt es geschlossene Fragen, das sind Fragen, auf die es im Prinzip nur zwei Antwortmöglichkeiten gibt: Ja oder nein.

Beispiel: Hatten Sie einen schönen Urlaub?

Das Beispiel zeigt, dass die Antwort auf diese Frage kaum Informationen bringt, sondern Bejahung oder Verneinung.

Die zweite Art von Fragen ist die offene Frage. Sie fängt immer mit einem Fragewort an: Was? Wie? Wieso? Warum? Wozu? Wer? Weshalb?

Auf offene Fragen erhält man immer mehr Informationen als auf geschlossene Fragen. Der Gesprächspartner muss reden, weil er von der Fragestellung her die Antwort nicht knapp halten kann. Die geschlossene Frage dagegen lenkt den Partner in eine bestimmte Richtung.

- *Offene Fragen*
  Bei der offenen Frage gibt es einen großen Antwortspielraum. Sie sollte immer dann eingesetzt werden, wenn der Partner aktiviert und eine persönliche Beziehung aufgebaut werden soll. Der Fragende zwingt sich in die Rolle des Zuhörers. Damit signalisiert er, dass er bereit ist, Meinungen und Behauptungen, Kritik oder Zustimmung des Gesprächspartners aufzunehmen und zu verarbeiten. Es wird sichergestellt, dass es nicht zu Monologen kommt, sondern dass ein echtes Gespräch geführt wird.

- *Geschlossene Fragen*
  Geschlossene Fragen beginnen mit einem Verb oder Hilfsverb. Sie sollten in den Phasen eines Gesprächs eingesetzt werden, in denen kurz und knapp verhandelt werden soll. Wenn ein „ja" oder „nein" ausreicht und Begründungen und Meinungen uninteressant sind, können geschlossene Fragen schnell zum Ziel führen.

  In der Eröffnungsphase eines Gesprächs sollten allerdings keine geschlossenen Fragen gestellt werden, da die Gefahr besteht, als Antwort ein „nein" zu erhalten. Ein Gespräch sollte immer positiv eröffnet werden. *Positives stimmt positiv.*

b)　Taktische Fragen

Taktische Fragen können offen und geschlossen gestellt werden. Sie dienen damit ebenfalls der Informationsbeschaffung. Ihr Hauptzweck aber besteht darin, das Gespräch in eine bestimmte Richtung zu lenken und die Atmosphäre zu beeinflussen.

- *Alternativfragen*
  Alternativfragen sind eine besondere Art der geschlossenen Frage. Die Entscheidung über „ja" oder „nein" wird abgewandelt in die Auswahl zwischen zwei oder mehr positiven Möglichkeiten.
  Anstelle von „Möchten Sie mit dem Chef über diese Angelegenheit sprechen?" wird gefragt „Möchten Sie heute noch oder lieber am Montag mit dem Chef darüber sprechen?"

- *Stimulierungsfragen*
  Diese Fragen werden auch motivierende Fragen genannt. Sie sollen den Gesprächspartner anregen, aus sich herauszugehen, sich zu öffnen. Sie sind geeignet, eine positive Stimmung für den Gesprächsverlauf zu schaffen. In erster Linie werden die Gefühle angesprochen.

Beispiele:
„Ihre Antwort ist interessant. Wie sind Sie darauf gekommen?"
„Was sagen Sie als Fachmann zu diesem Verfahren?"

- *Gegenfragen*
Gegenfragen bringen zusätzliche Informationen. Es ist nicht die Absicht des Gesprächspartners, die Antwort zu unterschlagen. Vielmehr will er mit einem „Warum?" „Wozu?" „Wie?" erreichen, dass eine Sache präzisiert wird und eine genauere Stellungnahme erfolgt. Das Gespräch kann somit in die gewünschte Richtung gelenkt werden.

Beispiele:
„Wie meinen Sie das?"
„Im Verhältnis wozu war diese Aufgabe zu schwierig?"

- *Kontrollfragen*
In erster Linie dienen Kontrollfragen dazu festzustellen, ob der andere überhaupt zuhört, ob er den Ausführungen gedanklich folgt und ob er alles verstanden hat.

Direkte Kontrollfragen wie „Haben Sie das verstanden?" oder „Würden Sie das kurz mit ihren Worten wiederholen?" verderben die Gesprächsatmosphäre, weil sie autoritär klingen. Besser ist es, sie als offene motivierende Fragen zu stellen.

Beispiele:
„Was halten Sie von diesen Vorschlag?"
„Welche Schwierigkeiten sehen Sie bei der Durchführung?"

- *Suggestivfragen*
Bei der Suggestivfrage legt der Fragesteller seinem Gesprächspartner die Antwort in den Mund, die er gerne hätte. Ziel ist es, dass die Frage im Sinne des Fragestellers, wenn auch nur mit einem Kopfnicken, beantwortet wird.

Verwerflich sind solche Fragen, wenn sie darauf abzielen, den anderen zu verunsichern und ihm die eigene Meinung aufzuzwingen.

„Sie sind doch auch der Meinung, dass Sie das heute noch schaffen, nicht wahr?"

Wenn es aber darum geht, den Partner zu motivieren und sein Interesse für etwas zu wecken, dann können eventuell auch Suggestivfragen wirkungsvoll eingesetzt werden.

„Liegt es nicht auch in Ihrem Interesse, dass wir die neueste Software beschaffen?"
„Sie sind doch selbst an Ihrer Laufbahnplanung interessiert, nicht wahr?"

- *Rhetorische Fragen*
  Rhetorische Fragen sind Fragen, auf die der Sprecher keine Antwort erwartet und auf die auch gar keine Antwort erforderlich ist. Sie werden besonders gerne eingesetzt, wenn bei einer Rede die Zuhörer für eine bestimmte Sache begeistert werden sollen.

  Beispiel:
  „Ist es nicht ein besonderer Tag für uns alle, an der Einweihung dieses neuen Ausbildungszentrums teilnehmen zu dürfen?"

  Der Redner erwartet nicht, dass alle Teilnehmer jetzt lautstark „Ja" rufen. Durch seine Betonung und seine Gestik macht er deutlich, dass es in diesem Falle nur eine Antwort geben kann. Häufig spricht er die Antwort auch selber aus. Er erwartet zwar eindeutige Zustimmung, aber keine ausgesprochene Antwort.

  Im Partnergespräch bieten sich rhetorische Fragen insbesondere bei introvertierten Personen an, die sich sehr zurückhaltend am Gespräch beteiligen.

  Beispiel:
  „Wie kommen wir jetzt aus dieser Situation wieder heraus? Das Beste ist, Sie ..."

- *Fragetypen nach dem Gesprächsverlauf*
  Fragen kann man ebenfalls nach dem Verlauf des Gesprächs einteilen, zum Beispiel Einstiegsfrage, Eröffnungsfrage, Folgefrage, Weiterführungsfrage und Abschlussfrage. Die einzelnen Fragearten können dann – wie vor beschrieben – eingesetzt werden.

2.3 Gesprächsführung

Im Personalwesen werden Gespräche mit externen und mit internen Partnern geführt.

Bei den externen Partnern handelt es sich im Allgemeinen um Bewerber (siehe Teil II, 3.3.3.4). Die internen Partner können Geschäftführung, Vorgesetzte, Mitarbeiter, Kollegen und Betriebsrat sein.

Neben Fach- und Informationsgesprächen müssen auch Kritik- und Konfliktgespräche geführt werden. Der Ablauf eines derartigen Gespräches kann dann als gut bezeichnet werden, wenn alle Partner mit dem Ergebnis zufrieden sind (keine Sieger/keine Verlierer).

Tipps für den Ablauf von Kritik- und Konfliktgesprächen

Eröffnung

Eröffnen Sie stets positiv
- Das schafft Vertrauen. Sie werden leichter akzeptiert.
- Das ist besonders wichtig, wenn Sie etwas Unangenehmes zu sagen haben.

Prüfen Sie unauffällig Ihren Partner
- Haltung, Gang, Mimik, Gestik und Begrüßungsform geben Auskunft darüber, ob sich der Partner als gleichberechtigt, untergeben oder als Respektperson versteht und entsprechend behandelt werden will.

Nennen Sie das Ziel des Gesprächs
- Aus Form und Inhalt kann der Partner besser erkennen, was Sie wollen. Er kann sich darauf einstellen. Sie sparen Zeit und vermeiden Missverständnisse.

Versuchen Sie, die Erwartungen des Partners herauszufinden
- Wenn möglich, sollten Sie versuchen, diesen Erwartungen zu entsprechen.
- Ein enttäuschter Gesprächspartner ist ein schlechter Gesprächspartner.

Durchführung

Stellen Sie sich auf die Sprache des Partners ein
- Verwenden Sie Fremd- und Fachwörter nur, wenn Sie annehmen können, dass der Partner sie versteht.
- Vermeiden Sie lange Sätze (Schachtelsätze).

Haben Sie Geduld
- Lassen Sie Ihren Partner stets ausreden.
- Vermeiden Sie Zeitdruck.

Fragen Sie häufig
- Wer fragt, der führt. Sie sichern den „roten Faden".
- Sie erkennen, ob Sie vom Partner richtig verstanden werden.
- Stellen Sie bevorzugt W-Fragen.
- Achten Sie stets darauf, dass beim Partner nicht der Eindruck entsteht, er solle verhört oder ausgefragt werden.
- Stellen Sie immer nur eine Frage – keine Kettenfragen.

Beantworten Sie selbst Fragen präzise
- Beantworten Sie Alternativfragen nur kurz mit „Ja" oder „Nein".

Suchen Sie Blickkontakt
- Schauen Sie Ihren Partner an. Schauen Sie nicht auf den Boden oder zur Decke.

Beobachten Sie die Ausdrucksreaktion Ihres Partners
- Mimik und Gestik verraten Zustimmung, Ablehnung, Unmut oder Interesse des Partners.

Sprechen Sie im Gesprächsverlauf Ihren Partner wiederholt mit Namen an
- Die Namensansprache weckt das Interesse des Partners.
- Vorsicht! Nicht übertreiben!

Lenken Sie das Gespräch geschickt, versuchen Sie jedoch, die wesentlichen Gesprächsbeiträge Ihrem Partner zu überlassen.

„Seien Sie ein aufmerksamer und helfender Zuhörer!"

Schluss

Bemühen Sie sich, Ihren Partner möglichst zufrieden aus dem Gespräch zu entlassen
- Bringen Sie unangenehme Mitteilungen niemals zum Gesprächsschluss, sondern in der Mitte.
- Schließen Sie stets mit einer für den Partner angenehmen Aussage.

3 Telefonische Kommunikation

3.1 Richtiges Melden – Freundliches Verhalten

Der entscheidende Start für ein freundliches und wirkungsvolles Telefongespräch ist das korrekte Melden. Das, was der Partner am anderen Ende hört und „spürt" ist sein erster Eindruck von der Personalabteilung eines Unternehmens.

Für das richtige Melden gibt es kein Patentrezept. Auf der einen Seite gibt es Muss-Informationen, auf der anderen Seite Kann-Informationen.

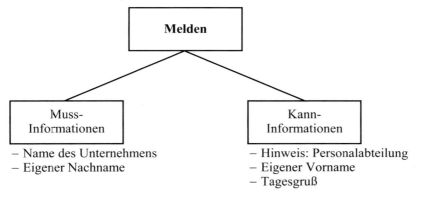

In welchem Umfang mit Kann-Informationen angereichert wird, hängt von der Länge der Gesamtinformation ab. Selbstverständlich möchte der Partner keinen Roman hören, ehe er sein Anliegen vorbringen kann.

Eva Müller ist als Sachbearbeiterin in der Personalabteilung der Baustoffwerke Kern GmbH beschäftigt. Sie hat zum Beispiel folgende Möglichkeiten, sich zu melden:

1. Müller
2. Müller, Kern GmbH
3. Müller, Kern GmbH, guten Tag
4. Guten Tag, Kern GmbH, Müller
5. Baustoffwerke Kern GmbH, Eva Müller, guten Tag
6. Baustoffwerke Kern GmbH, Eva Müller, Personalabteilung, guten Tag
7. Baustoffwerke Kern GmbH, guten Tag, mein Name ist Eva Müller, Personalabteilung. Was kann ich für Sie tun?

Variante 1 scheidet aus, weil die wichtige Information „Name des Unternehmens" fehlt. Nur wenn das Gespräch über die Zentrale kommt, entfällt der Firmenname. Variante 7 scheidet aus, weil hier des Guten zu viel getan wurde. Zwar kann Eva Müller zwischen den Beispielen 2 bis 6 wählen, empfehlenswert ist es jedoch, einen Meldetext mit dem Vornamen zu wählen.

Denn viele Anrufer empfinden es als angenehm, wenn der Vorname mit genannt wird. Warum?

Vorname und Nachname sind informativ und wirken persönlicher.

Neben der besseren Information kommt es schneller zu einer guten Kommunikation. Beides ist wichtig für Telefongespräche mit Mitarbeitern, Bewerbern, Kollegen und anderen Kontaktpersonen der Personalabteilung.

Denken Sie gerade beim Melden daran: Ein freundlicher Gesichtsausdruck färbt den Klang der Stimme. Lächeln kostet fast nichts, lediglich eine positive Einstellung ist erforderlich.

3.2 Die Bedeutung der Namen

Nichts hört und liest ein Mensch lieber als den eigenen Namen – aber, richtig gesprochen und richtig geschrieben.

Wenn der Name nicht richtig verstanden wurde, ist möglichst zu Beginn des Telefongesprächs die Namensfrage zu klären. Auch hier heißt es wieder „Der Ton macht die Musik". Eine nette Redewendung wirkt erst mit entsprechender Betonung.

Aber bitte nicht: „Wie war nochmal Ihr Name?" Das ist eine sehr verbreitete Redewendung. Wieso ... war ...? Der Mensch, der spricht, lebt doch. Ersetzen wir „war" durch „ist" und fügen das Zauberwort „bitte" dazu.

Nicht so:
- Wie war nochmal Ihr Name?

Weitere Beispiele:
- Mit wem spreche ich?
- Sie sprechen sehr leise. Können Sie Ihren Namen etwas lauter nennen?
- Sie haben aber einen schwierigen Namen.
- Ihren Namen müssen Sie mir aber buchstabieren

Sondern so (mit Lächeln):
- Wie ist Ihr Name, bitte?
- Würden Sie bitte Ihren Namen noch einmal wiederholen?
- Ich habe Ihren Namen nicht verstanden. Die Verbindung ist schlecht.
- Ihr Name ist selten. Bitte wiederholen Sie ihn kurz.
- Darf ich Ihren Namen buchstabieren? Ich möchte vergleichen, ob ich ihn richtig notiert habe.

Buchstabiertafel (Inland):

A	Anton	O	Otto
Ä	Ärger	Ö	Ökonom
B	Berta	P	Paula
C	Cäsar	Q	Quelle
Ch	Charlotte	R	Richard
D	Dora	S	Samuel
E	Emil	Sch	Schule
F	Friedrich	ß	Eszet
G	Gustav	T	Theodor
H	Heinrich	U	Ulrich
I	Ida	Ü	Übermut
J	Julius	V	Viktor
K	Kaufmann	W	Wilhelm
L	Ludwig	X	Xanthippe
M	Martha	Y	Ypsilon
N	Nordpol	Z	Zacharias

3.3 Positive Redewendungen

Es nicht immer einfach, es allen Telefonpartnern recht zu machen. Bei den Kontaktpersonen im Personalwesen kann es sein, dass enttäuschte Bewerber, ungehaltene Mitarbeiter oder verärgerte Vorgesetzte nicht den richtigen Ton wählen. Gerade dann ist es wichtig, freundlich zu bleiben und positive Formulierungen zu verwenden.

Durch negative Redewendungen werden unangenehme Sachverhalte noch negativer. So wird zum Beispiel das Wort „leider" viel zu oft verwandt. Leider kommt von Leid und sollte nur in diesem Zusammenhang gebraucht werden. Das „Telefon-Leider" ist sehr abgenutzt und wirkt wenig überzeugend.

Positive Redewendungen haben eine positive Wirkung.

Nicht so:

- Herr Dr. Herber ist leider nicht im Hause. Er ist erst in zwei Stunden zurück.
- Für die Gehaltsabrechnung bin ich leider nicht zuständig.
- Da muss ich Sie leider mit seinem Stellvertreter verbinden.
- Tut mir leid, aber meine Kollegin ist leider nicht mehr da.

Sondern so (mit Lächeln):

- Herr Dr. Herber ist in zwei Stunden zurück. Darf ich ihm etwas ausrichten?
- Für die Gehaltsabrechnung ist Frau Schreiber zuständig. Ich verbinde Sie.
- Ich verbinde Sie mit Herrn Weber. Er ist darüber informiert.
- Meine Kollegin ist morgen ab 08:00 Uhr wieder im Hause. Kann ich Ihnen helfen?

4 Schriftliche Kommunikation

Im Personalwesen gilt es, immer auf dem neuesten Stand zu sein. Täglich können sich die Arbeitsbedingungen ändern. Es gibt:

- Neue Zielvorstellungen der Unternehmensleitung
- Organisatorische Änderungen
- Geänderte und neue Gesetze, Tarife und Rechtsprechungen
- Modernere Hard- und Software

Flexible und kreative Führungskräfte, Sekretärinnen und Sachbearbeiter bewältigen ständig die erforderlichen Anpassungsprozesse. Und wie sieht es mit den Texten im Personalwesen aus? Werden sie nicht manchmal etwas stiefmütterlich behandelt?

Texte sollen beim Empfänger ankommen. Dabei reicht es nicht, gut gestaltete Briefbogen zu verwenden und DIN-gerecht zu schreiben. Auch zeitgemäße und empfängergerechte Formulierungen sind entscheidend.

4.1 Äußere Form

Für die Abwicklung des Schriftverkehrs gilt die DIN 5008 „Schreib- und Gestaltungsregeln für die Textverarbeitung". Sie legt nicht fest, „was" zu schreiben ist, sondern „wie" inhaltlich feststehende Texte dargestellt werden sollen. Sie enthält Anforderungen, die an das Äußere von modernen Texten gestellt werden.

Die Richtlinien beziehen sich auf die Schreibweisen von Satzzeichen, Rechenzeichen, Ziffern, Zahlen und Zahlengliederungen. Ferner wird die rationelle Gliederung von Texten und der Aufbau von Geschäftsbriefen und E-Mails behandelt. Praktische Beispiele ergänzen die Ausführungen.

4.2 Korrespondenz mit Bewerbern

Die potentiellen Mitarbeiter von morgen bewegen sich heute auf dem Arbeitsmarkt oder im Vorfeld in Schulen und Universitäten. Schriftliche Kommunikation ist oft die erste Kontaktbrücke zu diesem Personenkreis. Der Inhalt entscheidet mit über positives oder negatives Image des schreibenden Unternehmens.

a) Der Zwischenbescheid

Wenn viele Bewerbungen eingehen, sollten innerhalb einer Woche Zwischenbescheide versandt werden. Die Bewerber, die als ungeeignet eingestuft werden, erhalten sofort eine Absage. Zwischenbescheide können kurz ausfallen, dennoch sollten sie freundlich und informativ sein.

Beispiel: – Vielen Dank für Ihre Bewerbung vom ...

Die Prüfung der Einsatzmöglichkeiten wird etwa drei Wochen in Anspruch nehmen. Wenn, was nie ganz auszuschließen ist, etwas mehr Zeit vergehen sollte, bitten wir dafür um Ihr Verständnis.

– Danke für Ihre Bewerbung und Ihr Interesse, unser Team zu verstärken. Darüber haben wir uns sehr gefreut.
– Wir haben sehr viele interessante Bewerbungen erhalten. Deshalb bitten wir Sie um etwas Geduld. In den nächsten zwei Wochen melden wir uns bei Ihnen.

a) Einladung zum Vorstellungsgespräch

Mindestinhalte des Einladungsschreibens sind:
– Einladung
– Termin mit Orts- und Zeitangaben
– Bitte um Bestätigung

Zusatzangaben können sein:
– Aussagen zu den Vorstellungskosten
– Hinweise auf Anlagen, zum Beispiel Personalfragebogen oder Anfahrtskizze
– Namen und Funktionen der Kontaktpersonen

Diesen sachlichen Informationen sollte ein positiver Anfang vorausgehen. Veraltete Einleitungen wie „Bezug nehmend auf Ihre Bewerbung vom ..." oder „Hiermit teilen wir Ihnen mit, dass ..." haben in der modernen Korrespondenz keinen Platz.

Beispiele für Einleitungen:

– Ihre Bewerbung – dafür danken wir Ihnen – hat uns gut gefallen.
– Wir möchten Sie gerne kennen lernen und laden Sie deshalb zu einem Vorstellungsgespräch ein.
– Vielen Dank für Ihre Bewerbung. Wir haben den Eindruck gewonnen, dass ein Gespräch mit Ihnen interessant sein könnte.
– Ihre ansprechenden Unterlagen haben uns neugierig gemacht. Jetzt möchten wir Sie auch persönlich kennen lernen.
– Aufgrund Ihrer interessanten Unterlagen denken wir, dass Sie eventuell für diese Stelle geeignet sind und zu uns passen könnten. Wir laden Sie ein, um Sie noch besser kennen zu lernen.

Nach den Orts- und Zeitangaben, der Bitte um Bestätigung und eventuellen Zusatzangaben folgt die freundliche Abrundung des Einladungsschreibens.

Beispiele:

– Auf das Gespräch mit Ihnen freuen wir uns.
– Wir wünschen Ihnen eine gute Fahrt.
– Wir sind gespannt auf unser Kennenlernen. Gute Anreise!

- Wir freuen uns auf Ihren Besuch und wünschen Ihnen eine gute Fahrt nach …
- Wir freuen uns auf Sie!
- Sie haben uns geschrieben, dass Sie gerne zu uns kommen. Auch wir freuen uns auf unser Kennenlernen.
- Unser Team – Frau …, Herr … und Herr … – freut sich auf Ihren Besuch.
- Wir – Petra K… und Gerd S… – freuen uns sehr auf das Kennenlernen und das informative Gespräch mit Ihnen.
- Wir freuen uns darauf, Sie über uns zu informieren und von Ihnen noch mehr über Ihre persönlichen und fachlichen Qualifikationen für diese Stelle zu erfahren.

c) Absage

Absagen werden oft als unangenehm empfunden. Deshalb nehmen viele Unternehmen den alten Standardtext nach dem Motto „Das haben wir schon immer so geschrieben". Hier *ein abschreckendes Beispiel,* ein Absagebrief, der so oder in abgewandelter Form heute noch häufig geschrieben wird:
„Wir möchten uns noch einmal für Ihre Bewerbung und das unserem Hause entgegengebrachte Vertrauen bedanken. Zu unserem Bedauern müssen wir Ihnen aber leider mitteilen, dass wir uns inzwischen für einen anderen Bewerber entschieden haben und Ihnen keinen Arbeitsplatz anbieten können. Bitte betrachten Sie diese Absage nicht als Abwertung Ihrer Person oder Qualifikation. Ihre Unterlagen erhalten Sie beigefügt zu unserer Entlastung zurück."
Was weiß der Empfänger, nachdem er den Text gelesen hat? Nichts Neues! Dass es sich um eine Absage handelt und die Unterlagen beigefügt sind, konnte er schon am großen Umschlag erkennen. Dieser Brief ist nicht informativ und nicht höflich. „Bedauern" und „leider" sind floskelhaft und spätestens bei dem Satz mit der „Abwertung" fühlt sich der Bewerber abgewertet.

So ist es besser:

Beginnen Sie mit einem schlichten „Dank" für die Bewerbung oder für das informative und angenehme Gespräch.

Beispiele:

- Vielen Dank, dass Sie auf unsere Anzeige in der … geschrieben haben.
- Sie interessieren sich für einen Arbeitsplatz in unserem Unternehmen. Danke, dass Sie sich beworben haben.
- Vielen Dank für Ihre ansprechende Bewerbung.

- Vielen Dank für Ihr Interesse an einer Führungsposition in unserem Unternehmen.
- Vielen Dank für Ihre sorgfältig zusammengestellten Unterlagen.
- Danke für Ihre Unterlagen, das Gespräch am 25. Oktober 20... und Ihr Interesse, in unserem Unternehmen mitzuarbeiten.
- Vielen Dank für das interessante Gespräch am ...
- Herzlichen Dank für Ihren Besuch und das angenehme Gespräch in unserem Hause.
- Das Gespräch mit Ihnen war angenehm und informativ. Danke für Ihren Besuch.
- Nach unserem Gespräch am ... – noch einmal vielen Dank – wollen wir Sie jetzt über das Ergebnis informieren.
- Für Ihre Informationen und das faire Gespräch am ... sagen wir noch einmal herzlichen Dank.

Beenden Sie den Brief positiv mit guten Wünschen für den beabsichtigten Stellenwechsel.

Beispiele:
- Alles Gute für den beabsichtigten Stellenwechsel und für Ihre berufliche Zukunft.
- Ihnen wünschen wir, dass Sie Ihre beruflichen Ziele und Pläne bald an anderer Stelle verwirklichen können.
- Wir wünschen Ihnen viel Erfolg bei Ihren Aktivitäten, einen neuen Wirkungskreis zu finden.
- Für Ihre beruflichen Pläne wünschen wir Ihnen viel Erfolg.
- Wir wünschen Ihnen, dass Sie bald Erfolg mit Ihren Bewerbungen haben und Ihre beruflichen Ziele dann verwirklichen können.
- Mit Dank für Ihre Bewerbung und guten Wünschen für die Zukunft verabschieden wir uns.
- Wir wünschen Ihnen, dass Sie bald die Position finden, in der Sie Ihre Vorstellungen verwirklichen können. Viel Erfolg!

Viele Bewerber interessieren sich für den Absagegrund. Doch nicht in allen Fällen sollten wir – aufgrund der Rechtslage – offen darüber informieren. Behutsame Formulierungen sind angebracht.

Beispiele:
- Eine ausgeschriebene Stelle kann nur einmal besetzt werden. Nur deshalb konnten wir Sie nicht berücksichtigen.
- Die Zahl der guten Bewerber war groß. Daher müssen wir auch einigen „nein" sagen, deren Unterlagen uns durchaus angesprochen haben.
- Die Auswahl ist uns schwergefallen. Auch Sie hätten wir gerne in die engere Wahl genommen. Wir haben dann doch eine andere Entscheidung getroffen, weil andere Personen unserem Anforderungsprofil fachlich besser entsprechen.
- Ihr Angebot, in unserem Team mitzuarbeiten, können wir aufgrund der Vielzahl von Bewerbungen für diese Stelle nicht berücksichtigen.
- Schade, dass wir Ihnen keine Position anbieten können, die zu Ihren fachlichen Qualifikationen passt.
- Bei uns ist eine entsprechende Stelle nicht zu besetzen. Zurzeit sucht unser Tochterunternehmen, die xy GmbH, Fachkräfte wie Sie. Daher unsere Empfehlung: Bewerben Sie sich dort und beziehen Sie sich auf unseren Hinweis.
- Gerne hätten wir Ihre Bewerbung in das weitere Auswahlverfahren aufgenommen. Da Ihre fachlichen Qualifikationen jedoch nicht in allen Punkten unserem Anforderungsprofil entsprechen, können wir Sie nicht berücksichtigen.
- Ihre Bewerbung hat uns gut gefallen. Aber in unserem Unternehmen sind für diese Stelle – aufgrund unserer internationalen Kontakte – überdurchschnittliche Englisch- und Französischkenntnisse unbedingt erforderlich.
- Ihre Fremdsprachenkenntnisse und Ihre Auslandserfahrung haben uns beeindruckt. Maßgeblich für unser Unternehmen ist jedoch das notwendige Grundwissen und eine langjährige Berufserfahrung im Versicherungswesen. Bitte haben Sie deshalb Verständnis, dass wir Ihnen die gewünschte Position nicht anbieten können.

4.3 Rundschreiben und Mitteilung

Durch interne Informationstexte sollen die Mitarbeiter schnell und zuverlässig Kenntnisse über Neuerungen und Ereignisse erhalten. Rasch und einwandfrei müssen sie die Sachverhalte erfassen können. Daraus folgt, dass kurz und prägnant das Wesentliche dargestellt und Belangloses weggelassen wird.

Beispiel „Interne Mitteilung"

Besucherparkplätze

Die Parkplätze vor dem Hauptgebäude sind ausschließlich für Kunden, Lieferanten und Handwerker vorgesehen.

Für unsere Mitarbeiterinnen und Mitarbeiter haben wir den Parkplatz an der Kaiserstraße eingerichtet. Die Wegezeit beträgt 3 Gehminuten. Bitte parken Sie nur auf diesem Parkplatz.

4.4 Arbeitsbescheinigung

In der betrieblichen Praxis wird von den Mitarbeitern häufig eine Arbeitsbescheinigung verlangt, mit der sie den Nachweis über eine bestimmte Tätigkeit und/oder ein bestimmtes Einkommen führen können.

Arbeitsbescheinigungen werden beispielsweise benötigt, um verbilligte Fahrkarten oder Beihilfen zu erhalten oder um die Einkünfte in einem Scheidungsverfahren nachweisen zu können.

Je nach Zweck erhalten sie Angaben zu(r)

- Person des Mitarbeiters
- Beginn oder Dauer der Beschäftigung
- Art der Beschäftigung
- Umfang der Beschäftigung
- Arbeitsentgelt
- Sonstigen Bezügen

Die Überschrift lautet *Bescheinigung* oder *Arbeitsbescheinigung*. Somit kann die floskelhafte Einleitung „Hiermit bescheinigen wir, dass ..." entfallen.

Der Text einer Arbeitsbescheinigung kann zum Beispiel so lauten:

Arbeitsbescheinigung

Frau Vera Körner, geboren am 10. Januar 19.., ist bei uns seit dem 1. August 20.. als Auszubildende zur Industriekauffrau beschäftigt. Ihre Ausbildungsvergütung beträgt EUR ... monatlich.

4.5 Gehaltsveränderung

Es ist nicht zwingend vorgeschrieben, bei Gehaltsveränderungen Briefe an die Mitarbeiter zu schreiben. Trotzdem wird es bei vielen Unternehmen so gehandhabt.

Viele Briefe zu Gehaltserhöhungen beginnen dann so:

„Wir freuen uns, Ihnen mitteilen zu können, dass wir Ihr Gehalt ab dem ... auf EUR ... erhöhen können."

Kritische Anmerkungen:

- „Wir freuen uns ..."
  Ob sich der Arbeitgeber – bei tariflichen Erhöhungen – freut, wenn er von der anderen Tarifvertragspartei zur Gehaltserhöhung gezwungen wird?
- „... Ihnen mitteilen zu können, ..."
  Das ist überflüssig. Wenn man dem Mitarbeiter etwas mitteilt, dann muss man ihn nicht noch darauf hinweisen.

Besser ist es, diese Einleitungsfloskel und damit den überholten Kanzleistil wegzulassen und mit der Hauptsache zu beginnen.

Beispiele:

- Wir werden Ihr Gehalt ab dem ... auf EUR ... erhöhen.
- Die Geschäftsführung hat für das nächste Jahr eine Erhöhung der Einkommen im AT-Bereich beschlossen.
- Aufgrund der kürzlich abgeschlossenen Tarifverträge werden die Gehälter rückwirkend zum ... um ... % erhöht.

Nach einer Information über die neue Entgeltzusammenstellung kann ein freundlicher Schluss-Satz folgen.

Beispiele:

- Auf weitere gute Zusammenarbeit!
- Ihnen und uns wünschen wir weiterhin gute Zusammenarbeit.

4.6 Vollmacht

Wenn einem Angestellten *Handlungsvollmacht* oder *Prokura* erteilt wird, dann wird diese Vollmacht mit einem kurzen Ernennungsschreiben dokumentiert. Auf eine ausführliche Beschreibung des Umfangs der Vollmacht kann verzichtet werden, wenn ein Hinweis auf die entsprechenden Paragrafen im Handelsgesetzbuch erfolgt.

Beispiel „Erteilung von Prokura":

Aufgrund Ihrer bisherigen Leistungen erteilen wir Ihnen ab ...

Gesamtprokura

nach §§ 48 bis 53 HGB.

In Gemeinschaft mit einem anderen Prokuristen oder einem Geschäftsführer sind Sie zur Vertretung der Gesellschaft berechtigt. Sie unterzeichnen mit dem Zusatz „ppa.".

Wir wünschen Ihnen viel Erfolg.

4.7 Versetzung

Für die Versetzung an einen anderen Arbeitsplatz kann es unterschiedliche Gründe geben:

- Wunsch des Mitarbeiters (persönliche Gründe)
- Bewerbung auf eine innerbetriebliche Stellenausschreibung
- Rationalisierungsmaßnahme
- Änderungskündigung

Daher werden die Versetzungsschreiben unterschiedlich formuliert. Dazu zwei Beispiele:

a) Sie werden auf Ihren Wunsch am ... ab ... in die Abteilung ... versetzt. Nutzen Sie die Entwicklungsmöglichkeiten an Ihrem neuen Arbeitsplatz. Wir sind sicher, dass Sie sich den Herausforderungen stellen und sich wie bisher voll einsetzen und bewähren werden.
Viel Erfolg!

b) Aus dringenden betrieblichen Gründen werden Sie mit Wirkung vom ... in die Abteilung ... versetzt. Ihre Aufgabenschwerpunkte bestehen aus folgenden Tätigkeiten:
...
...
...

Eine Änderung des Entgelts ist mit der Versetzung nicht verbunden.

Der Betriebsrat ist zu der beabsichtigten Versetzung gehört worden; Bedenken hiergegen hat er nicht erhoben.

4.8 Beförderung

Die Beförderung eines Mitarbeiters ist für ihn entweder der Einstieg in die Unternehmenshierarchie oder der Aufstieg in eine höhere Führungsebene. Damit handelt es sich zunächst um eine sehr erfreuliche Angelegenheit, mit der Folgendes verbunden sein kann:

- Anspruchsvollere Tätigkeit
- Höheres Entgelt
- Dienstwagen
- Besondere Sozialleistungen
- Besserer Status/Prestige

Der Aufstieg kann auch bedeuten:

- Stärkeres Engagement
- Mehr Verantwortung
- Weniger Freizeit

Im Beförderungsschreiben sollten daher – dem jeweiligen Fall entsprechend – die Auswirkungen der Beförderung angesprochen werden. Dazu einige Textauszüge:

- Aufgrund Ihrer hervorragenden Leistungen und Ihres besonderen Einsatzes ernennen wir Sie zum Referenten für Personalentwicklung. Wir sind sicher, dass Sie sich auch in Zukunft engagiert für unser Unternehmen einsetzen werden.

- In dieser neuen Position zählen Sie zu den leitenden Angestellten im Sinne des § 5 Abs. 3 BetrVG.

- Ihr Gehalt erhöhen wir vom Tage des Übergangs in Ihre neue Funktion auf EUR ...

- Sie erhalten einen Dienstwagen der Marke ..., Typ ..., den Sie auch privat nutzen können.

- Mit dieser Ernennung wollen wir Ihnen zum einen für Ihre gute bisherige Mitarbeit danken. Zum anderen soll sie Ansporn sein, die Aufgaben im neuen Ressort – die sicherlich noch anspruchsvoller sind – zu erfüllen.

- Für die neuen Aufgaben wünschen wir Ihnen viel Erfolg und immer die richtigen Entscheidungen zur richtigen Zeit.

4.9 Abmahnung

Eine Abmahnung kann die Vorstufe einer verhaltensbedingten Kündigung sein. Sie erfolgt dann, wenn der Mitarbeiter gegen seine arbeitsvertraglichen Pflichten verstoßen hat.

Die Abmahnung sollte die folgenden Punkte enthalten:

- Genaue Beschreibung des pflichtwidrigen Verhaltens
- Angabe des Datums (wenn möglich auch der Uhrzeit) und des Ortes
- Hinweis auf arbeitsvertragliche Pflichten
- Hinweis auf die Abmahnung
- Aufforderung arbeitsvertragliche Pflichten in Zukunft zu erfüllen
- Androhung von Maßnahmen (Änderungskündigung/Kündigung) für den Fall der Wiederholung

Eine Abmahnung wegen Unpünktlichkeit kann so formuliert werden:

Wir mussten feststellen, dass Sie am 2. Oktober 2... erst um 09:15 Uhr zur Arbeit erschienen sind.

Aufgrund des zwischen uns bestehenden Arbeitsvertrags sind Sie aber verpflichtet, Ihre Arbeit pünktlich um 08:00 Uhr aufzunehmen. Für Ihr Zuspätkommen konnten Sie keine Entschuldigung nennen.

Wir mahnen Sie wegen Ihrer Verspätung ausdrücklich ab und fordern Sie auf, in Zukunft Ihrer arbeitsvertraglichen Pflicht nachzukommen und immer pünktlich zur Arbeit zu erscheinen.

Sollten Sie sich einen gleichartigen Pflichtverstoß zuschulden kommen lassen, werden wir uns gezwungen sehen, das Arbeitsverhältnis mit Ihnen zu kündigen.

4.10 Kündigung

Bei einer Kündigung durch den Arbeitgeber ist Folgendes zu beachten:

Unabhängig davon, ob es sich um eine ordentliche oder eine außerordentliche Kündigung handelt, muss diese immer schriftlich erfolgen. Eine mündlich ausgesprochene Kündigung ist unwirksam. Um Missverständnisse zu vermeiden, sollte in dem Kündigungsschreiben auch tatsächlich der Begriff „Kündigung" verwendet werden. Das Kündigungsschreiben muss vom Aussteller eigenhändig unterzeichnet sein. Der Unterzeichner muss zur Kündigung ermächtigt sein. In der Regel muss der Kündigungsgrund im Kündigungsschreiben nicht genannt werden, es sei denn, dass ein bestehender Tarifvertrag dies ausdrücklich vorsieht.

Arbeitnehmer, deren Arbeitsverhältnis endet, müssen sich spätestens drei Monate vor dem Beendigungszeitpunkt persönlich bei der Agentur für Arbeit als arbeitsuchend melden. Bei einem kürzeren Zeitraum muss die Meldung innerhalb von drei Tagen nach Kenntnis der Kündigung erfolgen. Arbeitgeber sind verpflichtet, darauf hinzuweisen. Mit einem entsprechenden Hinweis im Kündigungsschreiben kommt der Arbeitgeber dieser Pflicht nach.

Zu unterscheiden sind folgende Arbeitgeberkündigungen:

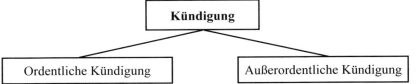

Ordentliche Kündigung

Fristgerechte Kündigung
Sie erfolgt unter Berücksichtigung der gesetzlichen Kündigungsfristen.
Gründe:
- Betriebliche Gründe (Rationalisierungen/Stilllegungen)
- Personenbedingte Gründe (Unfähigkeit, evtl. Krankheit)
- Verhaltensbedingte Gründe (Unpünktlichkeit/Leistungsverweigerung)

Außerordentliche Kündigung

Fristlose Kündigung
Sie ist nur bei Vorliegen eines wichtigen Grundes möglich.
Gründe:
- Beharrliche Arbeitsverweigerung
- Strafbare Handlungen
- Wiederholte unentschuldigte Abwesenheiten über längere Zeit
- Grobe Beleidigung des Arbeitgebers

Checklisten zur Formulierung von Kündigungen

a) Ordentliche Kündigung

- Kündigung ordentlich und fristgerecht zum ...
- Grund (eventuell)
- Hinweis auf noch offene Regelungen (zum Beispiel Urlaub, Arbeitspapiere)
- Hinweis auf Anhörung des Betriebsrates und das Ergebnis der Anhörung
  - Zustimmung oder Widerspruch
    ↳ Stellungnahme des Betriebsrates beifügen
- Hinweis auf Meldung bei der Agentur für Arbeit

b) Außerordentliche Kündigung

- Kündigung außerordentlich, fristlos mit sofortiger Wirkung
- Grund (eventuell)
- Vorsorglich gleichzeitig ordentliche und fristgerechte Kündigung zum ...

- Hinweis auf noch offene Regelungen (zum Beispiel Urlaub, Arbeitspapiere)
- Hinweis auf Anhörung des Betriebsrates und das Ergebnis der Anhörung
  - Zustimmung oder Widerspruch
     ↳ Stellungnahme des Betriebsrates beifügen
- Hinweis auf Meldung bei der Agentur für Arbeit

Musterschreiben: Ordentliche Kündigung

Wir kündigen das bestehende Arbeitsverhältnis unter Einhaltung der Kündigungsfrist zum …

Der Betriebsrat wurde ordnungsgemäß gehört und hat der Kündigung nach Anhörung gemäß § 102 Abs. 1 BetrVG zugestimmt.

Ihnen stehen bis zum Ablauf der Kündigungsfrist für das laufende Kalenderjahr insgesamt noch … Urlaubstage zu, so dass Ihr letzter Arbeitstag der … ist.

Hinweis: Sie müssen sich unverzüglich bei der zuständigen Agentur für Arbeit persönlich als arbeitssuchend melden, um Nachteile beim Leistungsbezug zu vermeiden (§ 37b SGB III). Außerdem sind Sie verpflichtet, eigene Aktivitäten bei der Suche nach einer anderen Beschäftigung zu entwickeln. Hierfür werden Sie in erforderlichem Umfang von der Arbeit freigestellt.

Freundliche Grüße

Peter Müller
Geschäftsführer

Empfangsbestätigung
Das Original dieses Kündigungsschreiben habe ich
am _____ erhalten.

Ort, Datum, Unterschrift des Mitarbeiters

4.11 Zeugnis

Zum Thema „Zeugnis": Teil II, 3.3.3.1 Analyse und Bewertung von Bewerbungsunterlagen.

4.12 Schreiben zu besonderen Anlässen

a) Glückwunschbriefe

Die Anlässe für die Glückwünsche eines Unternehmens können im beruflichen Bereich oder im privaten Bereich eines Mitarbeiters oder Geschäftspartners liegen.

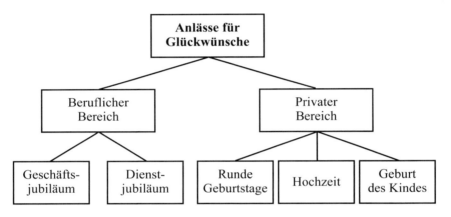

Für die Glückwünsche eines Unternehmens sollte gutes Papier der Größe A4 oder A5 genommen werden; vorgedruckte Briefkarten sind weniger angebracht. Geeignet sind besondere Briefbogen der Geschäftsleitung – ohne Anschriftfeld, Bezugszeichenzeile, Bankverbindung und andere geschäftliche Angaben.

Checkliste „Glückwunschbriefe":

- Keine genormten Briefbogen
- Kein Anschriftfeld
- Kein Diktatzeichen
- Kein Betreff
- Beim Datum den Monatsnamen ausschreiben
- Kein Fensterkuvert

- Briefmarken ersetzen die Frankiermaschine
- Handgeschriebene Briefe wirken persönlicher – sonst: besondere Schriftart wählen
- Anreden, Einleitungen, Schluss-Sätze und Grußformeln sorgfältig auswählen
- Brief immer mit Vor- und Zunamen unterschreiben

Textauszüge für Glückwünsche:

a1) Geschäftsjubiläum
- Ein altes Sprichwort sagt: „Ohne Fleiß kein Preis." Sie zeigen, dass es seine Berechtigung hat. Mit Ihrer Leistung haben Sie es geschafft, aus kleinsten Anfängen ein bekanntes Unternehmen entstehen zu lassen.
- Mit berechtigtem Stolz können Sie auf das 20-jährige Bestehen Ihres Unternehmens zurückblicken.
- In diesen Jahren haben wir Sie als eine Frau kennen gelernt, die zu ihrer Aufgabe steht und die entsprechende Verantwortung wahrnimmt.
- Durch fundierte Fachkenntnisse, hervorragende Mitarbeiterführung und gezielte Kundenorientierung haben Sie es geschafft, alle Situationen zu meistern.
- Mit neuen Ideen, viel Disziplin und sozialer Verantwortung haben Sie Ihr Unternehmen über Jahrzehnte geleitet und Ihre und die Ziele Ihrer Mitarbeiter verwirklicht.
- Sie haben es geschafft. Ein langer Weg mit Höhen und Tiefen liegt hinter Ihnen. Mit außergewöhnlichem Fachwissen und -können sowie unternehmerischem Geschick haben Sie Ihre Firma zu diesem „Geburtstag" geführt.
- Ihnen und Ihrem Team wünschen wir weiterhin viel Erfolg.
- Wir freuen uns auf viele weitere Jahre der partnerschaftlichen Zusammenarbeit.

a2) Dienstjubiläum
- Am ... feiern Sie Ihr 25-jähriges Dienstjubiläum in unserem Unternehmen. Herzlichen Glückwunsch!
- Ein seltenes, bedeutsames Jubiläum können wir am ... gemeinsam mit Ihnen feiern. An diesen Tag sind Sie schon 40 Jahre für unser Unternehmen tätig.

- Wir gratulieren Ihnen sehr herzlich. 30 Jahre sind eine lange Zeit im Leben eines Mitarbeiters – aber auch im Leben eines Unternehmens.
- Schon 25 Jahre halten Sie unserem Unternehmen die Treue – an guten und an weniger guten Tagen.
- Im Anschluss an diese Feier sollten Sie Ihren wohlverdienten Urlaub genießen. Wir haben diesem Schreiben – als Zeichen unseres Dankes – etwas für die Urlaubskasse beigefügt.
- Wir freuen uns auf viele Jahre weiterer Zusammenarbeit.
- Für die kommenden Jahre wünschen wir Ihnen viel Glück und Erfolg sowie Gesundheit und weiterhin die Kraft, den Alltag so gut wie bisher zu bewältigen.

a3) Runde Geburtstage

- Zu Ihren 50. Geburtstag gratuliert Ihnen die ganze Mannschaft sehr herzlich. Wir wünschen Ihnen eine schöne Feier, für die Zukunft alles Gute und weiterhin viel Freude.
- Wir wünschen Ihnen, dass Sie auch weiterhin mit Optimismus und Schaffenskraft das Leben meistern.
- Ein neues Lebensjahrzehnt fängt heute für Sie an. Mit Schwung und Elan werden Sie Ihren Weg gehen.
- Genießen Sie den heutigen Tag. Nehmen Sie sich auch die Zeit für einen Rückblick. Schauen Sie dann wieder nach vorn. Viele glückliche und erfolgreiche Jahre – bei hoffentlich bester Gesundheit liegen vor Ihnen.
- Heute gratulieren wir Ihnen zu Ihrem „runden" Geburtstag. Die Kolleginnen und Kollegen haben mich gebeten, Ihnen unsere Glückwünsche zu übermitteln. Für die kommenden Jahrzehnte alles Gute, viel Glück und Erfolg.
- Den fünfzigsten Geburtstag zu feiern, das ist ein besonderes Ereignis im Leben eines Menschen. Wir gratulieren. Alles Gute für Sie. Genießen Sie Ihren Ehrentag und schauen Sie weiterhin optimistisch in die Zukunft.

a4) Hochzeit

- Wir wünschen Ihnen beiden alles erdenklich Gute für den gemeinsamen Lebensweg.
- Wir gratulieren Ihnen ganz herzlich zu Ihrer Hochzeit. Mögen alle Ihre Wünsche in Erfüllung gehen.

- Alle Erwartungen – das wünschen wir Ihnen –, die Sie mit diesem besonderen Tag verbinden – mögen sich in einer dauerhaften, glücklichen Gemeinsamkeit erfüllen.
- Vor Ihnen liegen viele Jahre partnerschaftlichen Zusammenseins.
- Wir wünschen Ihnen einen guten Start in eine glückliche Gemeinsamkeit.
- Sie haben sich entschlossen, den Grundstein für eine gemeinsame Zukunft zu legen. Wir freuen uns mit Ihnen.
- Heute starten Sie in die gemeinsame Zukunft. Viel Glück.
- Sie stehen am Anfang eines glücklichen gemeinsamen Lebens.
- Alles Gute und Liebe. Genießen Sie Ihre Feier, so dass Ihr Hochzeitstag das große Erlebnis bleiben wird.

a5) Geburt des Kindes

- Herzlichen Glückwunsch! Wir wünschen Ihnen, Ihrem Mann und dem kleinen Alexander eine frohe, unbeschwerte Zukunft.
- Wir freuen uns mit Ihnen über die Geburt der kleinen Prinzessin.
- Viele schöne Jahre liegen vor Ihnen, Jahre in denen Sie Ihren Sohn auf dem Weg ins Leben begleiten werden.
- Dank Frederik sind Sie jetzt eine richtige Familie. Wir gratulieren Ihnen von ganzem Herzen.
- Den stolzen Eltern der kleinen Sarah gratulieren wir ganz herzlich. Dem ganzen „Team" wünschen wir alles Gute, Glück und Erfolg.

b) Kondolenzbriefe

Trauerbriefe sollten auf neutralem weißem Papier – nicht auf üblichen Geschäftsbogen – geschrieben werden. Briefpapier mit schwarzem Rand bleibt der Familie und dem engsten Freundeskreis vorbehalten.

Checkliste „Kondolenzbriefe":
- Keine gedruckten Karten
- Kein Papier mit schwarzem Rand
- Neutrales weißes Papier – keine Geschäftsbogen
- Kein Anschriftfeld
- Kein Diktatzeichen

- Kein Betreff
- Beim Datum den Monatsnamen ausschreiben
- Kein Fensterkuvert
- Briefmarken ersetzen die Frankiermaschine
- Handgeschriebene Briefe wirken persönlicher – sonst: besondere Schriftart wählen
- Anreden, Einleitungen und Schluss-Sätze sorgfältig auswählen
- Die Grußformel kann entfallen. Nur „Ihr", „Ihre" ...
- Brief immer mit Vor- und Zunamen unterschreiben

Es ist nicht einfach, in angemessener Weise Beileid und Mitgefühl auszusprechen. Trauerbriefe zu verfassen erfordert sehr viel Einfühlungsvermögen. Sie sollten möglichst von einer Person geschrieben werden, die den Verstorbenen gekannt hat.

Inhalt:
- Beileid aussprechen
- Hinweise auf Gemeinsamkeiten
- Arbeit und Verdienste erwähnen
- Trost für die Angehörigen

Textauszüge für Kondolenzbriefe:

a) Der Anfang
- Die Nachricht vom Tode Ihres Mannes, unseres Aufsichtsratsmitgliedes, Herrn Dr. Eberhard ..., macht uns sehr betroffen.
- Wir sind fassungslos. Ein tragischer Schicksalsschlag hat einen lieben Kollegen aus unserer Mitte gerissen.
- Wir waren bestürzt, als wir vom plötzlichen Tod Ihrer lieben Frau erfuhren. Ihnen gilt unser Mitgefühl.
- Trauer und Schmerz können wir Ihnen, liebe Frau ..., nicht abnehmen. Jedoch versuchen wir, mit ihnen zu fühlen. Die traurige Nachricht hat uns sehr getroffen.

b) Hinweise auf Gemeinsamkeiten, Arbeit und Verdienste
- Mit Ihnen trauern wir um eine Persönlichkeit, in deren Wesen menschliche Qualität und fachliches Können in besonderer Weise vereint waren.
- Mit großer Schaffenskraft und Energie hat sie am Aufbau des Unternehmens mitgearbeitet und dessen Fortschritt als ihre Lebensaufgabe betrachtet.
- Mit gründlichem Fachwissen, außergewöhnlichem Organisationstalent und viel Erfahrung steuerte er die Firma in eine sichere Zukunft.
- Er bleibt auch in Zukunft unser großes Vorbild. Wir nehmen uns vor, in seinem Sinne fortzusetzen, was er begonnen hat.

c) Der Schluss
- Wir denken an ihn mit großem Respekt und in Dankbarkeit.
- Wir sprechen Ihnen und Ihrer Familie unser Mitgefühl aus.
- In seinem Sinne werden wir weiterarbeiten.
- Wir sind dankbar für die Zeit, die wir mit ihr zusammen sein konnten.

Literaturverzeichnis

- Albert, Günther:
  Betriebliche Personalwirtschaft, Ludwigshafen 2007
- Arbeitsgesetze, Stand 2007, 70. Auflage
- Dietz, Karlheinz:
  Arbeitszeugnisse ausstellen und beurteilen, Planegg/München 1995
- Duric, Karin; Förster, Hans-Peter:
  Neue Briefkultur mit Corporate Wording, Frankfurt 1999
- Hambusch, Rudolf:
  Personal- und Ausbildungswesen, Darmstadt 1999
- Hentze, Joachim; Kammel, Andreas:
  Personalwirtschaftslehre, Bern; Stuttgart 2001
- Huber, Günter; Großblotekamp, Beatrix:
  Das Arbeitszeugnis in Recht und Praxis, Freiburg 2006
- Jonas, Renate:
  Effiziente Protokolle und Berichte, Renningen 2006
- Jonas, Renate:
  Korrespondenz heute und morgen, Renningen 2005
- Manekeller, Wolfgang; Möhl, Werner:
  Personalbriefe – leichtgemacht, München 1994
- Meyer, Friedrich; Stopp, Udo:
  Betriebliche Organisationslehre, Renningen 2004
- Olfert, Klaus:
  Personalwirtschaft, Ludwigshafen 2006
- Pillat, Rüdiger:
  Neue Mitarbeiter erfolgreich anwerben, auswählen und einsetzen, Freiburg 1996
- Pulte, Peter:
  Musterschreiben für die tägliche Personalarbeit, Bergisch Gladbach 1993
- Schreuers, Margarete (Gesamtleitung):
  RKW-Handbuch Personalplanung, Neuwied 1996
- Steinbuch, Pitter A.:
  Organisation, Ludwigshafen, 1997
- Stopp, Udo:
  Betriebliche Personalwirtschaft, Renningen 2006

Stichwortverzeichnis

Abgangsinterview 92, 93
Ablauforganisation 94
Ablaufplan 57
Abmahnung 150, 151
Absage 141, 143
Abschlussphase Vorstellungsgespräch 50, 51
Abstand 131
AC-Methode 55
Agentur Personalberater 36
Agentur für Arbeit 33, 35, 118
AIDA-Prinzip 35
Allgemeine Verwaltung/ Organisation Personal 10
Ältere Arbeitnehmer 76
Alternativfragen 133
An- und Abwesenheiten 119, 122
Analyse und Bewertung von Bewerbungsunterlagen 41, 154
Andere Standorte 78
Anforderungsprofil 27
Anreiz 99
Anreizsysteme 102
Anzeigengestaltung 35
Arbeit auf Abruf 64
Arbeitgeberzeugnis 45
Arbeitnehmerüberlassung 37, 38
Arbeitsbescheinigung 146, 147
Arbeitsbezogene Informationsquellen 62
Arbeitsleistungen 46
Arbeitsmarkt 29
Arbeitsplatzbezogene Bedarfsprognose 22, 24
Arbeitszeit 63, 64
Arbeitszeit und Pausen 67
Arbeitszeitstudien 22, 24
Assessment-Center 41, 53, 54
Aufbauorganisation 9, 11, 94
Aufgabenbezogene Bedarfsprognose 22, 24
Ausbildende 69, 70
Ausbilder 70, 71, 72
Ausbildung 69, 70
persönliche und fachliche Eignung 70
Ausbildungsberuf 70, 71
Ausbildungskapazität 72
Ausbildungsmaßnahmen außerhalb der Ausbildungsstätte 68
Ausbildungsordnung 71, 72
Ausbildungsplanung 69, 71

Ausbildungsplätze 66, 70, 72
Ausbildungsrahmenplan 71, 72
Ausbildungsstätte 68, 70
Ausbildungsziel 69
Ausdrucksverhalten 53
Ausführliche Bewerbung 43
Ausgleichsabgabe 73
Ausländische Arbeitnehmer 77
Außerbetrieblicher Arbeitsmarkt 29, 32
Außerordentliche Kündigung 151
Außerordentliche Kündigung 152
Auswahlrichtlinien 40
Auswahlverfahren 41
Auszubildende 66, 68, 69, 70, 72
Autokratischer Führungsstil 107

Balkendiagramm 121
Bedarfsarten 21
Bedarfsprognosen 22
Bedeutung der Namen 138
Bedürfnis 99
Bedürfnispyramide 100
Bedürfnisse 100, 102
Beendigung des Unternehmens 94
Beförderung 149
Berufsausbildung 69, 71
Berufsbild 69
Berufsbildungsgesetz 68, 69, 71
Berufsschule 68
Beschaffungswege 32, 33
Beschäftigungsverbote 67, 75
Betriebliche Personalzusatzkosten 84
Betriebliche Sozialleistungen 86
Betrieblicher Ausbildungsplan 72
Betriebsrat 30, 31, 40
- Informations- und Beratungsrecht 18
Betriebsvereinbarung 31
Betriebsverfassungsgesetz 30, 40, 47, 117
Beurteilung 46, 109, 110
- freie 110
- gebundene 111
Beurteilungsergebnis 113
Beurteilungsfehler 112
Beurteilungsgespräch 113
Beurteilungskriterien 111
Beurteilungsverfahren 113
Beurteilungszeitpunkte 110
Bewerberübersicht 49
Bewerbungsauswertebogen 48

Bewerbungsunterlagen 41, 42, 48
Bilddiagramm 122
Brief 129
Bruttopersonalbedarf 22, 25
Budget 85, 86
Bürokratischer Führungsstil 107

Cafeteria-Verfahren 86, 87
Charismatischer Führungsstil 107
Controlling-Instrumente 87

Dienstweg 9
Differenzierte Bedarfsprognose 22, 23
DIN 5008 „Schreib- und Gestaltungsregeln für die Textverarbeitung" 141
Direkte Personalkosten 81
Direkte Personalwerbung 32, 33
Direkter Dialog 128, 129
Divisional-Organisation 11
Duale Trägerschaft 1

EDV 122
- Anwendungsbereiche 123
- Vorteile und Grenzen 124
Eignung des Ausbilders 70, 71
Einarbeitungschecklisten 57, 60
Einarbeitungsprogramme 57
Einbindung des Personalwesens 8
Einfache Schätzung 22
Einfaches Zeugnis 45
Einführung neuer Mitarbeiter 56
Einführungschecklisten 57, 58
Einführungsschriften 57, 60
Einführungsseminare 57, 59
Einladung zum Vorstellungsgespräch 142
Einlinienorganisation 9
Einsatz besonderer Arbeitnehmergruppen 66
Elternzeit 74, 76, 89
Entleiher 37, 38
Entscheidungsbefugnis 11
Entscheidungsspielräume 109
Erfolg – Beruf und Gesellschaft 100
Ersatzbedarf 21
Externer Arbeitsmarkt 32
Extrinsische Motive 102

Fachzeitschrift 33, 34
Fähigkeitsprofil 27
Fehlzeitengespräch 92
Flexible Arbeitszeiten 63, 65
Flexibles Budget 85
Fluktuation 56, 65, 89
- Gespräche zur Ursachenanalyse 92
- Ursachen 91
Fluktuationsquote 88
Formale Gliederungskriterien 5
Formalziele 3
Fragetechnik 132
Fragetypen nach dem Gesprächsverlauf 135
Freistellungen für Berufsschule und Prüfungen 68
Freistellungsbedarf 22
Fristgerechte Kündigung 152
Führung 45
Führung und Leistung 45
Führungsaufgaben 103
Führungsgrundsätze 104
Führungskonzept 104
Führungsmaßnahmen 104
Führungsstile 106, 107, 109
Führungsverhalten 105, 107
Funktionalorganisation 5

Gegenfragen 134
Gehaltsveränderung 147
Geld- oder Einkommensmotiv 101
Gesamtbudget 85
Gesamtorganisation des Unternehmens 8
Gesamtstellenplan 25
Geschlossene Fragen 133
Gesetzliche Personalzusatzkosten 84
Gespräch 128, 129
Gesprächsdauer – Vorstellung 51
Gesprächsführung 124, 131, 132, 135
Gliederungskriterium
- Arbeitsphase 7
- Objekt 6
- Rang 6
- Verrichtung 5
- Zweckbeziehung 7
Globale Bedarfsprognose 22, 23
Glückwunschbriefe 154
Grad der Zufriedenheit 46
Grundsatzentscheidungen 2

Handlungsvollmacht 148

Indirekte Personalkosten 81
Indirekte Personalwerbung 32, 33
Indirekter Dialog 128, 129
Informationsfragen 132
Innerbetriebliche Arbeitsmarkt 29
Innerbetriebliche Ausbildungspläne 72

Innerbetriebliche Personalbörse 31
Integration der Personalplanung 17
Interne Informationstexte 145
Interne Mitteilung 146
Interne Personalbeschaffung 29
Interne Stellenausschreibung 30
Internet 33, 34
Interviewphase 50, 51
Intrinsische Motive 102
Ist-Personalbestand 25

Jugendarbeitsschutzgesetz 66
Jugendliche 66, 67, 68

Kennzahlen 23, 122
Kennzahlenmethode 23
Kommunikation 138
- Arten 123
- im Führungsprozess 103
Kompetenz und Leistungsmotiv 101
Kondolenzbriefe 157, 158
Konfliktgespräche 135, 136
Kontaktmotiv 101
Kontaktphase – Vorstellungsgespräch 50, 51
Kontinuierliches Mitarbeitergespräch 93
Kontrollfragen 134
Kontrollgespräche 60, 61
Kooperativer Führungsstil 107, 108
Körpersprache 128, 129
Korrespondenz mit Bewerbern 141
Kosten der personalwirtschaftlichen Funktionsbereiche 81, 83
Kreisdiagramm 121
Kritik 114
Kündigung 151, 152
Kurvendiagramm 121
Kurzbewerbung 42

Laissez-faire-Führungsstil 107, 108
Leasingunternehmen 36, 37
Lebenslauf 42, 43, 44
Leiharbeitnehmer 37
Leistungsbereitschaft 102
Leistungsminderung 78
Leistungsverhalten 53, 102, 103
Leistungswandel 76
Lichtbild 43, 47, 48
Linienaufgabe 5
Linienfunktion 11
Liniensystem 10
Macht- und Unabhängigkeitsbedürfnisse 101
Managementregelkreis 103

Maslow 100
Matrix-Organisation 12
Mehrfachunterstellung 10
Mehrlinienorganisation 10
Mehrliniensystem 10
Menü-Pläne 86
Minderbedarf 21, 22
Mitarbeiter-Bedürfnispyramide 101
Mitarbeiterbeurteilung 109
Mitarbeiterführung 103
Mitarbeitergespräche 91, 93
Mitwirkung des Betriebsrates 18
Monetäre Anreize 102
Motiv 99
Motivation 99, 100, 101
Motivationsstruktur 99
Motivationsstufen 100
Motivbefriedigung 99
Mutterschutz 74
Mutterschutzgesetz 74

Nachfragerückgang 94
Natürliche Personalabgänge 96
Negativer Bedarf 22
Nettopersonalbedarf 25
Neubedarf 21
Neue Mitarbeiter 56
Neuere Führungsstile 106
Nicht-monetäre Anreize 102
Normale Expertenbefragung 23
Nutzen der Personalplanung 15, 16

Objektprinzip 11
Offene Fragen 133
Ordentliche Kündigung 152
Organisationsplan 25, 60
Organisatorische und technische Änderungen 94
Outplacement 96

Pate 58, 60
Patensystem 60
Patriarchischer Führungsstil 107
Personalabbau 93, 95
- Direkte Maßnahmen 95, 96
- Indirekte Maßnahmen 95
Personalabbauplanung 14
Personalabteilung 5, 8, 9, 10, 11, 12, 29, 30
Personalakte 115, 117
- Inhalt 115
- Recht auf Einsichtnahme 117

163

Personalanforderung 27, 28
Personalanpassungsplanung 14
Personalauswahl 39, 41
Personalbedarfsermittlung 19
Personalbedarfsplanung 14, 20
- Externe Einflussfaktoren 20
- Interne Einflussfaktoren 20
Personalberatung 36
Personalbeschaffung 29
Personalbeschaffungsplanung 14
Personalbewegung 119, 122
Personalcontrolling 87, 88
Personaleinsatz 61
Personaleinsatzplanung 14, 62
- arbeitsbezogene Informationsquellen 62
- personenbezogene Informationsquellen 62
Personalentwicklungsplanung 14
Personalfragebogen 47
Personalfreistellung 93
Personalführung 105
Personalgrund- und Zusatzkosten 2, 81
Personalinformationssysteme 122
Personal-Ist 21
Personalkosten 80, 81, 82, 85, 122
Personalkostenanteil 80
Personalkostenarten 81
Personalkostenbudget 85
Personalkostenplanung 14, 80, 85
Personalleasing 37
Personalleitung 5, 6, 7, 8, 11
Personalplanung 13, 14, 15, 17
- Arten 14
Personalpolitik 2, 13
Personal-Soll 21
Personalstatistik 117, 119, 120
- Arten 119
Personalstruktur 119, 122
Personalüberhang 22
Personalüberkapazität -Ursachen 94
Personalwechsel 89
Personalwesen 4
Personalwirtschaft 1, 4, 8
Persönliche Arbeitsorganisation 124
Persönliche Kommunikation 128, 129
Persönliche Personalarbeit 124
Physiologische Bedürfnisse 100
Planungsfristen 15
Positions- und Zeitfolgen 44
Positive Redewendungen 140
Primärmotivation 102
Prioritäten 126
Private Arbeitsvermittlung 36

Profitcenter 11
Prokura 148

Qualifikationsprofil 27, 32
Qualifiziertes Zeugnis 45
Qualitative Fluktuationsanalyse 89
Qualitative Fluktuationsanalyse 91
Quantitative Fluktuationsanalyse 89, 90

Redezeiten 51
REFA 24
Regelungen für behinderte und von Behinderung bedrohten Menschen 73
Relocation-Service 80
Rhetorische Fragen 132, 135
Richtiges Melden – Freundliches Verhalten 137
Rückkehrgespräch 92
Rückläufige Konjunktur 94
Rundschreiben und Mitteilung 145

Sabbatical 64
Sach- und Personalkosten 81
Sachkosten 82
Sachliche Gliederungskriterien 5
Sachliche und zeitliche Gliederung 72
Sachziele 3
Saisonale Schwankungen 94
Säulendiagramm 120
Schätzverfahren 22
Schreiben zu besonderen Anlässen 154
Schriftliche Beurteilung 110
Schriftliche Kommunikation 128, 140
Schutzfristen 74, 75
Schwerbehinderte Menschen 73, 74
Sekundärmotivation 102
Selbstverwirklichung 100
Sicherheit – Arbeitsplatz 100
Sicherheitsmotiv 101
Situativer Führungsstil 107
Soziale Bedürfnisse 101
Soziale Ziele 3, 4
Sozialverhalten 53
Sparten-Organisation 11
Stab 8
Stabdiagramm 120
Stab-Linien-Organisation 11
Stabsaufgaben 7
Standortverlegung 94
Statistik-Darstellungsformen 120
Statusmotiv 101
Stelle 25, 62

Stellenanzeigen 33, 34
Stellenbeschreibung 26
Stellenbesetzungsplan 25, 62
Stellengesuche 39
Stellenplan 25, 62
Stellenplanmethode 24
Stimulierungsfragen 132, 133
Suggestivfragen 132, 134
Systematische Einarbeitung 56
Systematische Expertenbefragung 23

Tabellarischer Lebenslauf 44
Tabelle 120
Tageszeitung 33, 34
Taktische Fragen 133
Tarifliche Personalzusatzkosten 84
Teilbudget 85
Teilzeitarbeit 63
Teilzeitbeschäftigung 78
Teilzeitkräfte 66
Telefonat 128, 129
Telefongespräch 137
Telefonische Kommunikation 137
Traditionelle Führungsstile 107

Überkapazität 94
Unaufgeforderte Bewerbungen 39
Unternehmensgrundsätze 2, 104
Unternehmenskultur 2
Unternehmensleitlinie 2
Unternehmensleitung 9, 11, 12
Unternehmensphilosophie 2, 104

Unternehmensplanung 13, 15
Unternehmenspolitik 1, 2, 13
Unternehmensverfassung 2
Unternehmensziele 3

Verändertes Nachfrageverhalten 94
Verhaltensbereitschaft 99
Verleiher 37, 38
Versetzung 148
Vollmacht 148
Vorabintegration 57
Vorstellungsgespräch 41, 49, 50

Wertschätzungsbedürfnisse 101
Wiedereingliederung 77, 78
Wirtschaftliche Ziele 4

Zeit- und Aufgabenplanung 124
Zeitarbeitnehmer 38
Zeitfaktor 46
Zeitplanung 125
Zeitung 33, 34
Zeitversetzter Dialog 128, 129
Zeugnis 43, 44, 45, 154
Ziele
- der Personalwirtschaft 4
- des Unternehmens 3
Zielharmonie 95
Zielkonflikte 95
Zufriedenheit der Mitarbeiter 102
Zugehörigkeit 100
Zwischenbescheid 141

Erlesene Weiterbildung®

Prof. Dr. Udo Stopp

Betriebliche Personalwirtschaft

Zeitgemäße Personalwirtschaft – Notwendigkeit für jedes Unternehmen

27. Aufl. 2006, 341 S., 105 Wiederholungsfragen, € 28,00, CHF 49,00
Die Betriebswirtschaft: Studium + Praxis 5
ISBN 978-3-8169-2611-5

Zum Buch:
Der Sektor Personalwirtschaft gewinnt zunehmend an Bedeutung. Die Problematik bei der Suche nach qualifiziertem Personal, die enge Verknüpfung mit sozialen Fragen und die sich ausweitenden rechtlichen Regelungen stellen den Betriebswirt immer wieder vor offene Fragen. Deshalb muss jeder Betriebswirt, auch wenn er nicht im Personalbereich tätig ist, über die Grundfragen und -probleme orientiert sein. Das Buch Betriebliche Personalwirtschaft gibt ausführliche Auskunft. Es wendet sich gleichermaßen an Studierende mit Personalwirtschaft als Haupt- oder als Nebenfach wie an Praktiker, die sich zeitweilig oder laufend mit Personalproblemen auseinandersetzen müssen.

Inhalt:
Grundlagen betrieblicher Personalwirtschaft – Personalplanung – Personalbeschaffung – Personaleinführung – Personalführung – Personalbeurteilung – Betriebliche Aus- und Fortbildung – Entgeltpolitik – Betriebliche Sozialpolitik – Personalverwaltung – Fehlzeiten der Mitarbeiter richtig erfassen und vermindern – Beendigung des Arbeitsverhältnisses

Die Interessenten:
- Studierende mit dem Abschlussziel Dipl.-Betriebswirt, Dipl.-Wirtsch.-Ing.,
  Staatlich geprüfter Betriebswirt, Praktischer Betriebswirt, Fachwirt
- Teilnehmer an Aus- und Fortbildungsveranstaltungen, Volkshochschulen,
  betrieblichen und überbetrieblichen Seminarveranstaltungen
- Praktiker in Wirtschaft und Verwaltung

»Eignet sich ausgezeichnet für Praktiker in der Wirtschaft, Teilnehmer an Aus- und Fortbildungsveranstaltungen und selbstverständlich auch für Studierende.«
RKW-Mitteilungen

Fordern Sie unser Verlagsverzeichnis auf CD-ROM an!
Telefon: (0 71 59) 92 65-0, Telefax: (0 71 59) 92 65-20
E-Mail: expert@expertverlag.de
Internet: www.expertverlag.de

expert verlag GmbH · Postfach 2020 · D-71268 Renningen

Erlesene Weiterbildung®

Michael Lucas

Effiziente Personalauswahl durch professionelle Interviewführung

3., neu bearb. Aufl. 2007, 119 S., € 22,00, CHF 38,90
Praxiswissen Wirtschaft 85
ISBN 978-3-8169-2768-6

Zum Buch:
Es zeigt, auf welche Weise Einstellungsinterviews systematisch vorbereitet, durchgeführt und schließlich ausgewertet werden können. Dabei geht es vor allem darum, durch gute Vorbereitung und wirkungsvolle Fragetechnik eine hohe Aussagesicherheit in der Diagnose zu gewährleisten. So wendet sich dieses Buch mit vielen praxiserprobten Tipps und Techniken auf hohem Niveau an Führungskräfte, Personalmanager und Personalberater, bietet aber auch dem Einsteiger oder Studierenden einen interessanten Einblick. Viele neue Wege werden aufgezeigt, die sich deutlich vom üblichen 1 x 1 des Einstellungsgesprächs unterscheiden.

Inhalt:
Personalauswahl als zentrale Managementaufgabe – Formen unterschiedlicher Interviews in der Praxis – Das Anforderungsprofil – Zur Methode – Wirkungsvolle Fragetechniken – Die Motivationsstruktur des Bewerbers – Zur Vorbereitung des Interviews – Die Struktur des Interviews – Gesprächssteuerung – Nonverbale Kommunikation im Einstellungsgespräch – Kritische Situationen im Interview und wirkungsvolle Gegenstrategien – Besonderheiten mit speziellen Zielgruppen – Die richtige Analyse und Entscheidung – Besonderheiten in der Interviewführung – Das Telefoninterview – Ausschnitte aus einem Bewerbungsgespräch mit Erläuterungen

Die Interessenten:
Personalleiter, Personalentwickler, Personalberater, Führungskräfte

»Wegen des hohen Informationsgehalts sehr lohnend.«
ekz-Informationsdienst

»Die Vielfalt an Checklisten und das Beispiel eines Bewerbungsgesprächs machen das Buch zu einer hilfreichen Anleitung für die Interviewführung.«
Personal magazin

Fordern Sie unser Verlagsverzeichnis auf CD-ROM an!
Telefon: (0 71 59) 92 65- 0, Telefax: (0 71 59) 92 65-20
E-Mail: expert@expertverlag.de
Internet: www.expertverlag.de

expert verlag GmbH · Postfach 2020 · D-71268 Renningen

expert verlag®
Erlesene Weiterbildung®

Jutta Hofmann, Susanne Helbach-Grosser

Erfolgreich im Job mit Stil & Intuition

2007, 136 Seiten, € 28,00, CHF 49,00
Praxiswissen Wirtschaft 108
ISBN 978-3-8169-2683-2

Zum Buch:
Erfinden Sie sich neu, ändern Sie Ihr Leben und bringen Sie Ihre Umwelt zum Staunen! Stil und Intuition prägen eine Persönlichkeit, die anziehend wirkt und von niemandem übersehen wird.
In diesem Buch geht es um äußere Formen des Miteinanders, zugleich aber auch um innere Haltung und geistige Präsenz. Mit stilvollem Benehmen in allen Lebenslagen, besonders im Beruf, fliegen Ihnen Sympathien und Wertschätzung von selbst zu. Perfektes Auftreten öffnet Türen zu interessanten Menschen, fördert die Karriere und den privaten Erfolg.
Eine unverzichtbare Begleiterin für die Kultivierung der Persönlichkeit ist auch die Intuition. Jeder besitzt sie, doch die hilfreiche »innere Stimme« wird im Trubel des Alltags meist überhört. Wenn Sie Ihre Intuition entwickeln, schöpfen Sie Ihr geistiges Potenzial voll aus, haben zum richtigen Zeitpunkt originelle Ideen und gewinnen Weitblick bei wichtigen Entscheidungen. Ihr Leben wird spannender, dynamischer und glücklicher.

Inhalt:
Aufbruch in ein neues Leben – Eine auffallende Erscheinung – Arbeit muss nicht mühsam sein – Strahlen Sie im Rampenlicht– Jetzt wird Inventur gemacht – Erfinden Sie sich neu

Die Interessenten:
Alle, die sich im Beruf engagieren und weiterkommen wollen oder die es bereits geschafft haben; Menschen, die ihre Selbstwahrnehmung schärfen, ihre Sensibilität erhöhen und ihre besten Seiten ausdrücken möchten

Fordern Sie unser Verlagsverzeichnis auf CD-ROM an!
Telefon: (0 71 59) 92 65-0, Telefax: (0 71 59) 92 65-20
E-Mail: expert@expertverlag.de
Internet: www.expertverlag.de

expert verlag GmbH · Postfach 2020 · D-71268 Renningen